留学生のための 就職筆記試験の教科書

Employment written exam textbook for international students

田村一也・伊藤茉莉奈 著

一般社団法人日本国際化推進協会（JAPI）編

株式会社明光ネットワークジャパン 監修

日本能率協会マネジメントセンター

はじめに

これから本書を読む人の多くは、きっと「就職筆記試験って何？」と思っているのではないでしょうか？　日本で就職したいけれど活動方法がわからない、または、就職活動を始めてみたけれど何かと難しい……そんな人が少なくないと思います。本書は、日本で就職を目指す留学生の皆さんの、そうした「困った」を解決するための教科書です。

就職筆記試験（SPI）は、留学生にとって大変難しいものです。これまで、留学生の就職支援に関わるなかで、多くの留学生が就職筆記試験で困難に直面し、あきらめているのを見てきました。そして、その困難を乗り越えようと、就職筆記試験対策本を買って、勉強してみたけれど、やはり難しいと苦労している留学生にも会ってきました。多くの留学生、そして留学生を支援されている皆さんの悩みに、少しでも応えられるように、本書を作りました。

日本人が使っている就職筆記試験対策本とは異なり、日本語の読み方や意味の解説を多く付けました。問題を選ぶときも、日本の文化や社会、経済などについて、少しでも理解につながるテーマを選びました。就職筆記試験の対策本ではありますが、本書を通して、少しでも日本と日本語の理解を深めることにつながると嬉しく思います。もちろん、まずは就職筆記試験の合格を目指して、繰り返し問題を解いてみてください。

本書が留学生の皆さんにとって、初めてのわかりやすい就職筆記試験の教科書となり、日本式の就職活動の成功に役立つことを願っています。

一般社団法人日本国際化推進協会
田村　一也

Contents

もくじ

本書の使い方

POINT

1 「重要度（よく出る問題）」と「日本語レベル」を考えて構成しています。

2 難しい日本語（目安として日本語能力試験（JLPT）3級以上）には、読み方を付けています。

3 難しい日本語のほかに、普段の生活では聞きなれない語句、筆記試験を受けるうえで、知っておいたほうがいい日本語の解説を付けています。

4 本書の最後に難しい日本語のリストを付けて、筆記試験を受けるために必要な日本語を集中的に学習できるようにしています。

1.本書の見方

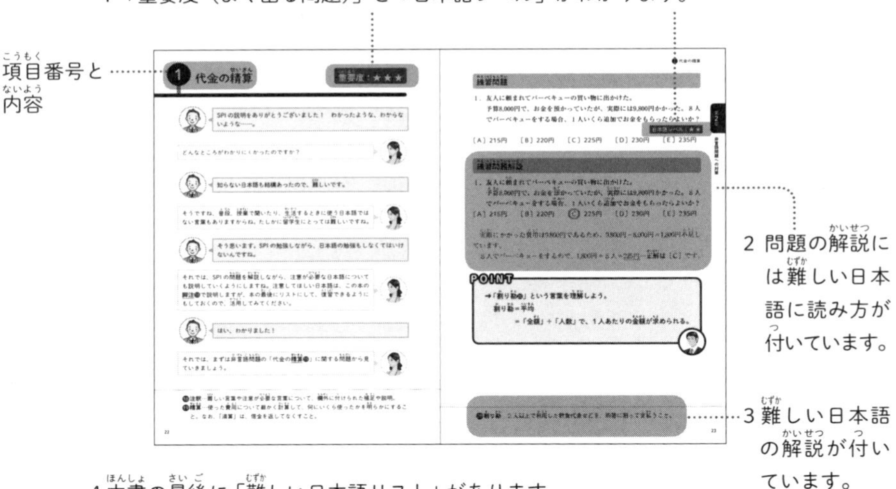

本書の使い方

2.本書の構成

留学生と先生の会話

留学生が筆記試験で直面する困難や悩みなどが含まれています。これから筆記試験の準備を進めると、どのような問題が起こるのか参考にしましょう。

練習問題

その項目の基本的な問題です。やさしいレベルで作っているので、まずはどのような問題があるのか、練習問題を通して知りましょう。

練習問題解説

練習問題の解説です。数学の問題では、公式❶が必要になるものもあります。また、特に注意したい日本語についても、ポイントに書いています。

実践問題

問題の解き方がわかったら、実践問題に取り組みましょう。徐々に難しい問題になっていきます。わからなかった問題は、解説をしっかり読んで、まずは問題の内容を理解できるようにしましょう。

実践問題解説

実践問題の解説です。解説のため丁寧に解いていますが、実際の筆記試験は回答時間が限られているので、最後まで計算したり、選択肢を読んだりしなくても正解できることを目指しましょう。

❶公式…数学で使われる数式で表すことができる決まったルール。「定理」ともいう。

3.重要度・日本語レベルの一覧表

本書では、就職筆記試験（SPI）での出題頻度が高い問題を中心に取り上げています。その中でも重要なものについて、優先順位を付けて学べるように、★印で重要度を表しています。また、日本語のやさしい問題から難しい問題へと、順に学べるように並べています。留学生の皆さんは、より少ない語彙で、問題の解き方さえわかれば正解しやすい非言語問題から学ぶとよいでしょう（非言語問題とは何かについては、P.14で解説します）。

●非言語問題

項目	重要度	日本語レベル	ページ
代金の精算	★★★	普通	24
料金の割引	★★★★★	普通	29
損益算	★★★★★	普通	34
割合	★★★★★	普通	39
仕事算	★★★★★	普通	45
集合	★★★★★	普通	52
組合せ	★★★★★	普通	62
確率	★★★★★	普通	71
推論	★★★★	難しい	78
資料の読み取り	★★★★★	難しい	90
長文の読み取り	★★★★★	とても難しい	107

本書の使い方

●言語問題

項目	重要度	日本語レベル	ページ
二語関係	★★★	とても難しい	124
熟語の意味	★★★	とても難しい	131
語句の用法	★★★	難しい	136
文法	★★★★★	難しい	143
文の並べ替え	★★★★★	難しい	150
空欄補充	★★★★★	とても難しい	158
長文読解	★★★★★	とても難しい	166

●性格検査

項目	重要度	日本語レベル	ページ
検査の内容を知ろう	★★★★★	難しい	184
性格の特徴と適性について知ろう	★★★★★	難しい	189

4.本書の登場人物

大学３年生の留学生パクさんは、今年から**就職活動**❷を始めることになりました。日本企業への就職を目標に、これまで日本語の勉強を頑張ってきました。しかし、就職情報サイトに会員登録したら、わからないことがいっぱいでした。そして、就職するための試験があることを初めて知り、ゼミの先生に相談しながら準備をすることにしました。

パクさんがいるゼミの教員マリナ先生にとって、パクさんは初めての留学生です。今まで日本人学生ばかりで、日本人学生の就職相談しか受けたことがありませんでした。しかし、学部の就職支援も担当しているので就職活動にはとても詳しい先生です。

---

❷**就職活動**…学校を卒業して、新しく社会人になる前に仕事をするための会社を探すこと。日本では、卒業前の最終学年で就職活動をすることが一般的。

就職活動と筆記試験

1. 就職活動の流れを知ろう
2. 筆記試験（SPI）について知ろう
3. テストセンターについて知ろう

・コラム　先輩留学生の経験より①

就職活動の流れを知ろう

先生、昨日学校を卒業して、日本で生活している先輩の話を聞いたのですが、とても楽しそうでした。

それは刺激的でしたね。どんなところが楽しそうだったのですか？

仕事でいろいろなことを学んだり、仕事で稼いだお金で旅行したり、大変なところもあるようですが、とても楽しそうでした。

そうでしたか。外国人だと、日本人にとっては当たり前のことでも、大変なことが多いでしょうね。でも、母国にはない興味深いことも多いのかもしれませんね。

私も日本で生活していくために、就職したいのです。どうしたら就職できますか？

まずは、日本の就職活動について知ることが必要だと思います。よく留学生の皆さんから、日本の就職活動は独特だといわれます。だからこそ知ることが大事ですね。

1．日本の就職活動の特徴

日本では、学校を卒業してから企業に入社する時期が、４月になることが一般的です。これは、多くの学校の卒業月が３月であることも関係しています。そのため、企業は４月に新入社員を受け入れることを前提とした採用スケジュールを組んでおり、学生はそれに合わせて就職活動をすることになります。

また、就職活動をするときに、ほとんどの学生は**就職ナビサイト**❸に登録します。就職ナビサイトには、学生を採用する企業の情報、募集概要、選考情報など多くの情報が掲載されています。たとえば、大手就職ナビサイトでは、20,000社以上の企業情報を検索することができます。ほかにも、**合同企業説明会**❹の情報なども掲載されています。

日本の就職活動では、**選考**❺のために、企業に応募するときに**エントリーシート（ES）**❻の提出を求められたり、筆記試験が行われたりするところが特徴的です。さらに、１対１の面接だけではなく、集団での面接を受けたり、集団でグループワークやディスカッションを行うといったこともあります。これらの選考では、学校で学んできた専門知識だけではなく、コミュニケーション能力や対人印象なども、合否を判断するための評価ポイントになります。そして、エントリーシートや面接で質問されることは、学生時代に頑張ってきたことをはじめ、志望動機や将来のキャリアに関してなど、さまざまなものがあります。質問に答えるために、ほとんどの日本人学生は、**自己分析**❼や業界研究・企業研究を行います。さらに、より企業について理解を深めるために、すでに企業で仕事をしている先輩に話を聞く**OB／OG訪問**❽を行ったり、企業で働く経験ができるインターンシップに参加したりします。

本書では、就職筆記試験について取り上げますが、日本で就職するためには、まずは日本の就職活動について理解を深めることが重要になります。

---

❸**就職ナビサイト**…「リクナビ」「マイナビ」など、日本で学生が就職活動で利用するWebサイト。就職活動の仕方や採用している企業の情報などが掲載されている。このサイトから多くの企業に応募できる。

❹**合同企業説明会**…１つの会場に多くの企業が集まり、各社の説明を行うイベント。学生にとっては、１日で複数の企業の話を聞ける機会となる。

❺**選考**…就職試験のこと。筆記試験、面接、ディスカッションなどがある。

❻**エントリーシート（ES）**…応募をするために必要な選考書類の一つ。プレエントリー（P.12参照）をした後に、エントリーシートの課題がわかることが多い。ただし、すべての企業で実施しているわけでなはい。

❼**自己分析**…自分がどのような人間か分析すること。スキルではなく、価値観や適性でマッチングをする日本の就職・採用の慣習に対する重要な就職準備の一つ。

❽**OB／OG訪問**…自分の学校の先輩または就職を希望する企業で働いている人に会うこと。就職活動を経験した人、実際に働いている人の話が聞け、非常に参考になる。

2. 日本式就職活動のスケジュール

日本の場合、学校を卒業する１年前くらいから就職活動を始めます。そのため、非常に長いスケジュールになります。面接に進むまでに、さまざまな活動があります。計画的に準備をした学生と、準備をしなかった学生では、結果に大きな差が出ます。そのため、日本の就職活動の全体を知り、早くから筆記試験などの対策を始めることが大切です。

【就職活動のスケジュール】

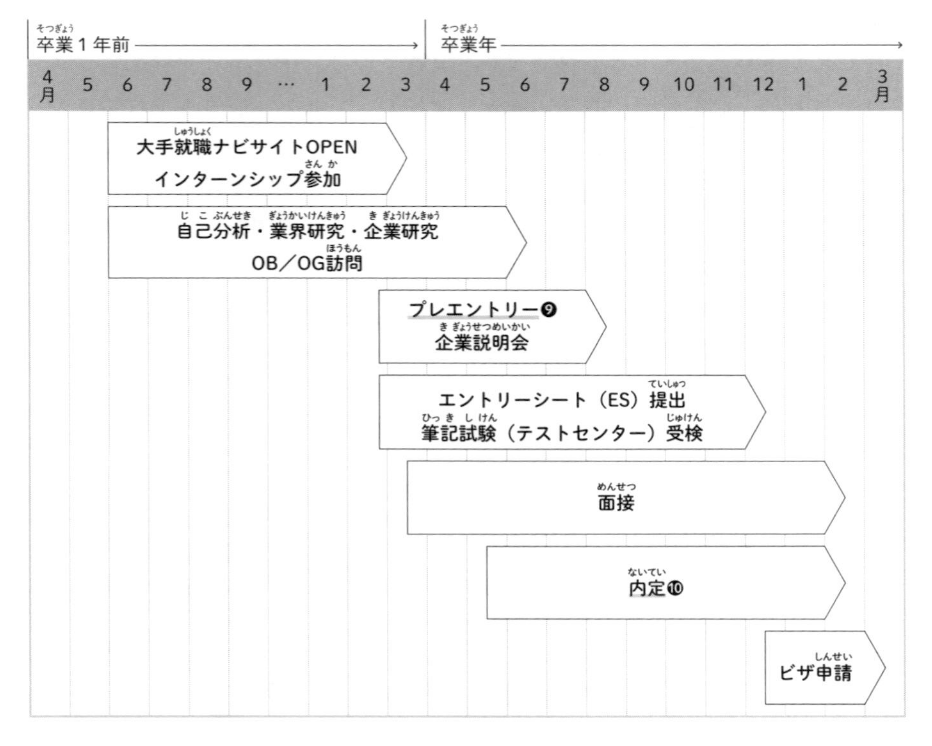

❾**プレエントリー**…応募書類の提出をしない、興味があることを伝えるためのエントリー。プレエントリーをすることで、企業から選考の詳細情報や説明会の情報を得ることができるため、気軽に行うとよい。

❿**内定**…最終面接合格（「採用します」という決定）の意味。内定の後、入社の合意をする書類にサインをして、入社が決まる。ただし、留学生の場合、入社前に就労ビザへの切り替えも必要。

2 筆記試験(SPI)について知ろう

就職ナビサイトに登録しました！

早いですね！　すばらしい。

先生、就職情報サイトを見ていたら、「SPI」というものがあったのですが、これは何ですか？

「SPI」は就職活動で受検する試験ですよ。先輩から聞いたことはありませんか？

いいえ、初めて聞きました！

わかりました。それでは説明しますね。

1．SPI(筆記試験)とは何か

筆記試験は、学生を採用する企業が、学生に対して行う就職テストの一つです。SPIが、日本で最も利用されている筆記試験であり、全国13,600社（2019年度実績）の企業が使っています。

[出典] SPI3公式サイト（https://www.spi.recruit.co.jp/）

2．SPIの内容

SPIは、「基礎能力検査（非言語問題）」「基礎能力検査（言語問題）」「性格検査」の3つで構成されています。

・非言語問題：数学（算数）の試験です。計算問題や図や表から答える問題などが出題されます。

・言語問題：日本語（国語）の試験です。語彙や文法、長文読解などの問題が出題されます。

・性格検査：受検者の性格を知るための検査です。アンケートであり、回答に正解はありません。

3. SPIで何がわかるのか

企業は、SPIの結果から受検した学生の能力や性格を知ることができます。なお、ここでいう「能力」とは、**問題処理能力**⓫であり、**専門的なスキル**⓬ではありません。

性格検査からは、受検者にどのような「適性」があり、どのような仕事に合うかなどが明らかになります。

4. なぜSPIがあるのか

SPIは、学生の選考を**効率的**⓭に行うために使われます。企業はSPIでわかる問題処理能力をもとに、面接をする学生を選ぶことができます。

日本では、「**新卒一括採用**⓮」という慣習があり、同じ時期にたくさんの学生が選考を受けます。学生に人気の企業の場合、応募者数は数万人にもなります。しかし、企業は、使える時間に限りがあり、応募者全員と面接することはできません。そのため、面接する学生を選ぶ必要があり、判断材料としてSPIを使います。また、面接という限られた時間のなかで、企業が学生について知るのは難しいことです。そのため、企業は、性格検査（適性診断）の結果を参考に、面接で質問することを考えます。SPIを使うことで、効率的に選考ができるようにしています。

⓫**問題処理能力**…課題に対して、情報を整理したり、計算したり、考えをまとめたりする能力。

⓬**専門的なスキル**…特定の分野で、高い専門知識や経験が必要になる能力。

⓭**効率的**…使った労力に対して、期待よりも高い成果を得ること。

⓮**新卒一括採用**…毎年、新しく学校を卒業する学生を、企業が同じ時期に採用すること。多くの日本企業が同じ時期に選考を行うため、企業は採用しやすく、学生は就職しやすいというメリットがある。

5．SPIの種類

学生が受検するSPIには、「テストセンター」「Web試験」「ペーパーテスト」の3つの形式があります。

・テストセンター：専用の会場に行って会場内のパソコンで受検します。SPIのうち最も多い形式であり、本書もテストセンターについて解説しています。

・Web試験：パソコンで受検します。応募した企業で受けるものと、自宅で受けられるものがあります。

・ペーパーテスト：応募した企業で紙面で受検します。**マーク<u>シート</u>**⑮を使って答えます。

形式によって、出される問題は少し異なります。しかし、基本的には、テストセンターで出される問題への対策ができていれば対応できます。それぞれの対策を行いたい場合は、本書以外の書籍やインターネットから情報を集めてみてください。

【マークシートの例】

問題	回答欄
1	①②③④⑤⑥
2	①②③④⑤⑥
3	①②③④⑤⑥
4	①②③④⑤⑥
5	①②③④⑤⑥

良い例

悪い例

マークシートは円の中を黒くしっかり塗る！

⑮**マークシート**…試験で使われる回答用紙。紙に印字された選択肢の記号を塗りつぶして回答する。マークシートの回答は、専用の機械で読み込まれ、コンピューターを使って採点される。

3 テストセンターについて知ろう

先生！　企業の募集にエントリーしたら、「テストセンターで受検してください」というメールが届いたんですが、テストセンターって何ですか？　SPI ではないんですか？

「テストセンター」は SPI（筆記試験）の一つです。基礎学力や問題処理能力の検査と、適性の診断を行うテストです。テストセンターは、新卒採用を行う企業の約⑯ 60％が使っているテストなので、筆記試験のなかでも特に大切な試験です。

えっ！　そうなんですか !?　知らなかったです。何も準備していないんですが、どうしたらいいですか？

それは大変！　すぐに準備をしなければならないですね。

ええと、企業の求人⑰に応募して、面接を受けたらいいんですよね。アルバイトと一緒じゃないんですか？

まったく違いますよ。試験に慣れるには時間がかかりますから、早く対策しなければならないですね。

私の母国では、卒業してから就職活動をするのですが、日本では違うのですね。

⑯約…正確ではないが、だいたいの量や数。
⑰求人…企業が募集する仕事の情報が書かれているもの。

1.テストセンターとは何か

テストセンターは、SPIを受検するための専用の会場です。全国各地にあり、事前予約をして、会場でSPIを受検します。応募した企業の社員はいませんので、緊張せずに受検してください。

会場では、メモ用紙と筆記用具が配布されます。SPIの問題は、会場内のパソコンで出題され、回答しますが、計算やメモするときに、メモ用紙と筆記用具を使います。自分で筆記用具を持ち込んで使うことはできません。

なお、携帯電話やスマートフォンは使用禁止です。

2.テストセンターに行くとき

テストセンターに行くときの持ち物は、「身分証明証」と「受検票」の２つです。受付で本人確認がありますので、学生証やパスポートなど、顔写真付きの身分証明証を持っていきましょう。また、受検票を忘れないようにしましょう。事前予約が完了したときの画面かメールが受検票になっていますので、印刷して持っていきましょう。

なお、テストセンターへ行くときの服装は自由です。

3.テストセンターでの受検の流れ

テストセンターで SPI を受検するときの流れは、下記のとおりです。

（1）エントリーした企業から「テストセンター受検依頼メール」が届きます。

企業から受検依頼メールが届くまで、テストセンターの受検予約はできません。

（2）テストセンターの ID を取得します。

テストセンター受検依頼メールの本文にある「テストセンター予約サイト」の URL にアクセスして、「テストセンターID」を取得します。テストセンターID を取得すると、会場の予約や予約変更ができるようになります。

（3）基礎能力検査の受検会場を予約して、自宅のパソコンで性格検査を受検します。

テストセンターID を取得後、予約サイトから「性格検査の受検」と「基礎能力検査の受検日時・会場の予約」を行います。まず、会場予約を行い、その後、期限内に性格検査を受検します。

性格検査の受検を完了すると、予約が確定となり、「予約完了メール」が届きます。

（4）予約した受検会場で、基礎能力検査を受検します。

時間に遅れないように受検会場に行き、受付で身分証明証と受検票を提示します。本人確認が終わったら、受検することができます。

基礎能力検査の受検が終わると同時に、自動的に結果が企業に送られます。

4.テストセンターの受検環境

テストセンターでSPI（基礎能力検査）を受検するときのパソコン画面のイメージは、下記の図のとおりです。

〈パターン１：通常問題〉

左に問題文があり、それに対する設問と回答選択肢が右にあります。

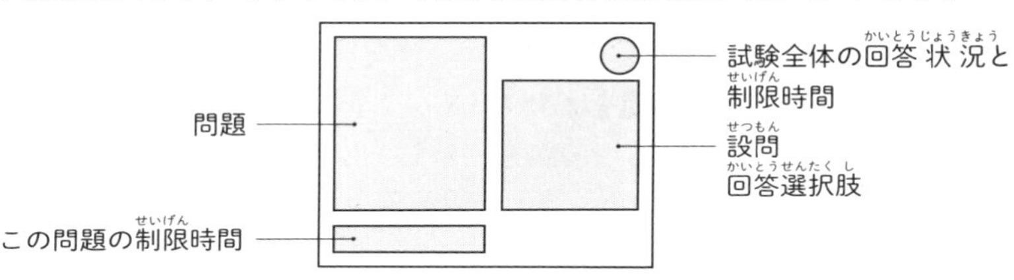

〈パターン２：組問題〉

左の問題文１つに対して、複数の設問が出題されます。タブで設問を切り替えて回答します。

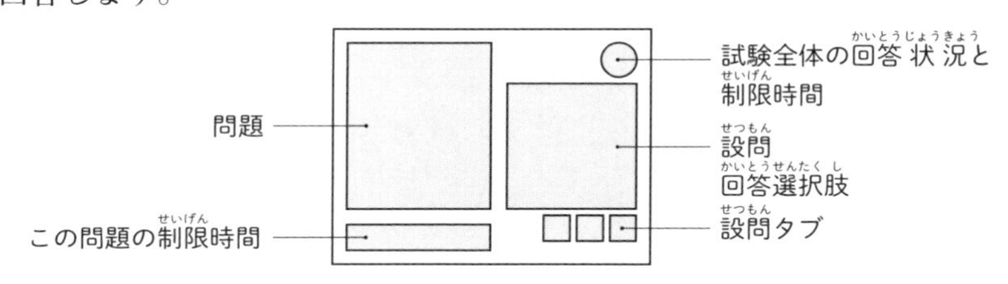

【テストセンター受検の注意点】

回答方法

- 問題は、１問ずつ順番に回答する必要があります。いったん飛ばして、後で見返すことはできません。
- 画面にタブがある場合は、１つの問題文に対して複数の設問があります。タブで切り替えることを忘れずに回答しましょう。
- 回答は、「選択」する場合と「入力」する場合があります。

出題内容

- 出される問題は、毎回変わります。受検者それぞれ、出される問題が違います。
- 問題は、受検者の正答率で難易度が変わる仕組みがあります。

POINT

➜ メモ用紙を有効活用しよう

特に、非言語問題は計算が必要になります。きれいに書く必要はないので、メモ用紙に計算を書いて回答しましょう。

➜ すべてを計算しない・すべてを読まないことも、ときには有効

非言語問題は、すべての計算をしなくても回答できる問題もあります。言語問題の長文読解も、すべてを読まなくても回答できる問題もあります。

➜ わからない問題に時間をかけない

制限時間内で、より多くの問題を正解したほうが得点は高くなります。1つの問題に時間をかけ過ぎると、回答できる問題が少なくなってしまいます。考えてもわからない問題は、選択式の回答であれば選択肢のどれかにチェックを入れて、次の問題に進みましょう。

➜ 選択肢の中には、○か×か「判断できないもの」がある

SPIでは、「判断できない」ものは、「内容と一致しない」ことから「×」と考えます。

➜ 合格ラインは企業によって異なる

SPIの合格ラインは、企業によって異なります。大手企業であれば、80～90%の正答率が必要になるようです。一方で、SPIの結果は参考程度⑱であり、得点を重要視しない企業もあります。できる限り高い得点を取れるように準備はしてほしいですが、あまり答えられなかったとしても、あきらめないようにしましょう。

➜ 受検結果の点数はわからない

SPIは、受検しても本人には結果の点数はわかりません。

➜ 再受検もできる

初めて受検したときにあまりできなかったとしても、別の企業に応募すると、もう一度チャレンジすることができます。できなかった問題は次に受けるときにできるように、振り返りと対策を心がけるようにしましょう。

5. テストセンターの過去受検結果の再利用

応募した別の企業からテストセンターでの受検の依頼があれば、再度受検することができます。ある企業のテストセンターの受検結果は、別の企業のテス

⑱**程度**…物事の大きさを示す言葉。文章では、約（正確ではないが、だいたいの量や数）に近い意味をもつことが多い。

トセンター受検依頼に使うことができます。前回受検した最新の結果を別の企業に送るか、もう一度テストセンターで新たに受検をするかを選ぶことができます。前回の結果を送る場合は、自宅のパソコン画面の操作だけで受検を完了させることができます。なお、応募した企業には、前回の結果を送信したのか、新たに受検したのかはわかりません。

6．SPIの対策に必要な時間

個人差はありますが、日本人学生の場合、テストセンターでの受検が始まる３月の１か月前、つまり、２月から始める人が多いようです。２月は、日本の大学は春休みになるので、本格的に準備を始められるようです。なお、SPIの対策本などを購入して、準備をした時間は30～60時間程度のようです。

[参考]「Study Pro」(https://saisokuspi.com/gaiyou/qa/3/40/)

ただし、留学生は、日本人学生以上に準備に時間がかかると思います。SPI特有の語彙や表現に慣れる必要もあります。そのため、２月ではなく、もっと早くから準備をすることをお勧めします。

7．SPIの勉強方法

まずは、本書を読んで、SPIとは何か、どのような問題が出題され、どのような点に気をつけなければならないかを理解しましょう。そのうえで、ほかの書籍なども使って、多くの問題を解くことが大事です。SPIは、解き方を理解し、慣れれば速く回答できるようになります。SPIは、限られた時間のなかで、たくさんの問題を解く必要があるため、解き方に慣れることがポイントになります。

8．効率的な勉強方法

もし、あまり準備をする時間がない場合は、勉強する分野を絞ることも必要になります。たとえば、言語問題は、語彙や漢字の知識量が正答率に大きく影響します。しかし、限られた時間で、どれが出題されるかわからない漢字の勉強に時間をかけるのは、効率的ではありません。

留学生の場合、非言語問題で確実に正解できるようにすること、言語問題の長文読解や文法問題で正答率を高めることが重要だといえます。

なお、SPIは、本書のほかにもさまざまな対策本があります。人によって、合っている本は違います。書店で実際に手に取って中身を見て、自分にはどの本が必要か考えて選びましょう。

COLUMN 先輩留学生の経験より❶

韓国出身、日本のメーカーで働くAさん
東京にある大学に通い、専攻は経営
留学するときに、日本語能力試験（JLPT）1級に合格

Q1.筆記試験について、どのように準備をしていたのですか？

SPIの対策本を1冊買って、公式を覚えたり、問題を繰り返し解いたりしました。対策本は、先輩に相談して選びました。たしか、2週間くらい勉強したと思います。しかし、練習問題ができたとしても、応用問題に正解することは簡単ではなかったです。もっと勉強する時間が必要だったなと思います。

Q2.実際に筆記試験を受検して、結果はどうでしたか？

筆記試験はテストセンター（SPI）でした。私の場合、受検が必要な企業は5〜6社くらいでしたが、すべて不合格だったように思います。

Q3.性格検査はどうでしたか？

正解を問う問題ではないですが、意味がわからない単語があって大変でした。何より問題数が多くて、時間内に終わらせることが難しかったです。

Q4.SPIの対策について、どのようなことが考えられますか？

まずは先輩に聞いてみるのがよいと思います。何が難しいかわかると思いますので。そして、SPIの対策本を買って、実際に練習したほうがよいと思います。最近では、SPIのアプリもあるそうです。また、SPIの模擬試験もあるので、学校を通して受検してみたほうがよいと思います。

私の場合、優先して勉強したのは、非言語問題でした。言語問題よりも日本語の理解はしやすいので、間違えないように勉強しました。非言語問題は、日本留学試験（EJU）で出題される内容に似ているかもしれません。言語問題については、長文読解は日本語能力試験（JLPT）に近い問題であるため、解きやすいのではないかと思います。言語問題の空欄補充も、問題文の意味がわかればできると思います。

非言語問題への対策

1 代金の精算

重要度：★★★

SPIの説明をありがとうございました！　わかったような、わからないような……。

どんなところがわかりにくかったのですか？

知らない日本語も結構あったので、難しいです。

そうですね、普段、授業で聞いたり、生活するときに使う日本語ではない言葉もありますからね。たしかに留学生にとっては難しいですね。

そう思います。SPIの勉強をしながら、日本語の勉強もしなくてはいけないんですね。

それでは、SPIの問題を解説しながら、注意が必要な日本語についても説明していくようにしますね。注意してほしい日本語は、この本の**注釈**⑲で説明しますが、本の最後にリストにして、復習できるようにもしておくので、活用してみてください。

はい、わかりました！

それでは、まずは非言語問題の「代金の**精算**⑳」に関する問題から見ていきましょう。

---

⑲**注釈**…難しい言葉や注意が必要な言葉について、欄外に付けられた補足や説明。

⑳**精算**…使った費用について細かく計算して、何にいくら使ったかを明らかにすること。なお、「清算」は、借金を返してなくすこと。

練習問題

1．友人に頼まれてバーベキューの買い物に出かけた。
予算8,000円で、お金を預かっていたが、実際には9,800円かかった。８人でバーベキューをする場合、１人いくら追加でお金をもらったらよいか？

日本語レベル：★★

［A］215円　［B］220円　［C］225円　［D］230円　［E］235円

練習問題解説

1．友人に頼まれてバーベキューの買い物に出かけた。
予算8,000円で、お金を預かっていたが、実際には9,800円かかった。８人でバーベキューをする場合、１人いくら追加でお金をもらったらよいか？

［A］215円　［B］220円　［C］225円　［D］230円　［E］235円

実際にかかった費用は9,800円であるため、9,800円－8,000円＝1,800円不足しています。

８人でバーベキューをするので、1,800円÷８人＝225円…正解は［C］です。

POINT

➔「割り勘㉑」という言葉を理解しよう。
割り勘＝平均
＝「全額」÷「人数」で、１人あたりの金額が求められる。

㉑割り勘…２人以上で利用した飲食代金などを、均等に割って支払うこと。

実践問題

1．居酒屋で５人で食事をした。
会計は19,000円で割り勘をすることになったが、自分は小銭がなかったので、5,000円を支払った。同じメンバーで二次会㉒に行き、会計は12,000円だった。二次会の会計も割り勘である。他の４人が同じ金額を支払う場合、自分はいくら払うと他の４人と平等になるか？

日本語レベル：★★

［A］1,200円　［B］2,000円　［C］2,120円　［D］2,240円　［E］2,700円

2．６人で誕生日パーティーを開くことになった。
予算はプレゼント代1,000円を含めて、１人5,500円だった。もちろん、誕生日の本人はプレゼント代を支払うことはない。パーティー当日、誕生日の本人は無料にすることを決めた。この場合、１人あたりが支払う代金はいくらになるか？

日本語レベル：★★

［A］5,400円　［B］5,600円　［C］6,200円　［D］6,400円　［E］6,600円

3．Aさん、Bさん、Cさん、Dさんで祭りに出かけた。
会場まではタクシーで向かい、タクシー代は、AさんとBさんが1,000円ずつ支払った。祭りでは、たこ焼き（500円）、唐揚げ（400円）、じゃがバター（350円）、焼きそば（600円）を買った。これらの代金は、すべてCさんが支払った。また、お酒（350円）を３本とジュース（200円）１本を買って、Dさんが支払った。
帰り道、４人が支払った、これまでの代金を精算して、４人が同じ金額を支払ったことにした。
この場合、次のうちどれが正しいか？

日本語レベル：★★

［A］AさんがCさんに225円支払う　［B］BさんがDさんに250円支払う
［C］BさんがCさんに175円支払う　［D］DさんがCさんに25円支払う
［E］［A］～［D］どれも違う

㉒二次会…最初の宴会が終わってから、再び開かれる別の宴会。

実践問題解説

1．居酒屋で5人で食事をした。
会計は19,000円で割り勘をすることになったが、自分は小銭がなかったので、5,000円を支払った。同じメンバーで二次会に行き、会計は12,000円だった。二次会の会計も割り勘である。他の4人が同じ金額を支払う場合、自分はいくら払うと他の4人と平等になるか？

[A] 1,200円　[B] 2,000円　[C] 2,120円　[D] 2,240円　[E] 2,700円

居酒屋で支払っている金額は、自分が5,000円に対して、他の4人は、(19,000円－5,000円)÷4人＝14,000円÷4人＝3,500円

つまり、自分は他の4人より、5,000円－3,500円＝1,500円多く支払っていることになります。

二次会の会計が12,000円だったため、5人が同じ金額を支払う場合は全体で(19,000円+12,000円)÷5人＝31,000円÷5人＝6,200円

自分はすでに5,000円支払っているため、6,200円－5,000円＝1,200円支払います。…**正解は**［A］です。

なお、他の4人は6,200円－3,500円＝2,700円支払うことで、5人が同じ金額を支払ったことになります。

2．6人で誕生日パーティーを開くことになった。
予算はプレゼント代1,000円を含めて、1人5,500円だった。もちろん、誕生日の本人はプレゼント代を支払うことはない。パーティー当日、誕生日の本人は無料にすることを決めた。この場合、1人あたりが支払う代金はいくらになるか？

[A] 5,400円　[B] 5,600円　[C] 6,200円　[D] 6,400円　[E] 6,600円

プレゼント代が1,000円であるため、パーティーだけの予算は1人あたり4,500円です。つまり、4,500円×6人＝27,000円がパーティーだけの予算です。

誕生日の本人は、支払わなくなったため、1人あたり27,000円÷5人＝5,400円に変わりました。

これに、プレゼント代1,000円が加わるため、1人あたりが支払う代金は、5,400円＋1,000円＝6,400円となります。…**正解は**［D］です。

３．Ａさん、Ｂさん、Ｃさん、Ｄさんで祭(まつ)りに出かけた。
会場まではタクシーで向かい、タクシー代は、ＡさんとＢさんが1,000円ずつ支払(しはら)った。祭(まつ)りでは、たこ焼(や)き（500円）、唐揚(からあ)げ（400円）、じゃがバター（350円）、焼(や)きそば（600円）を買った。これらの代金は、すべてＣさんが支払(しはら)った。また、お酒(さけ)（350円）を３本とジュース（200円）１本を買って、Ｄさんが支払(しはら)った。
帰り道、４人が支払(しはら)った、これまでの代金を精算(せいさん)して、４人が同じ金額(きんがく)を支払(しはら)ったことにした。
この場合(ばあい)、次のうちどれが正しいか？

［Ａ］ＡさんがＣさんに225円支払(しはら)う　［Ｂ］ＢさんがＤさんに250円支払(しはら)う
［Ｃ］ＢさんがＣさんに175円支払(しはら)う　［Ｄ］ＤさんがＣさんに25円支払(しはら)う
［Ｅ］［Ａ］～［Ｄ］どれも違(ちが)う

すべての費用(ひよう)がいくらで、それぞれが、すべてのうちいくらを負担(ふたん)しているかを求(もと)めることが大切です。それぞれが支払(しはら)った金額(きんがく)は次のとおりです。

・Ａさん：1,000円
・Ｂさん：1,000円
・Ｃさん：500円＋400円＋350円＋600円＝1,850円
・Ｄさん：350円×３本＋200円＝1,050円＋200円＝1,250円

そして、４人の金額(きんがく)を合計すると、1,000円＋1,000円＋1,850円＋1,250円＝5,100円となります。これを、１人あたりにすると、5,100円÷４人＝1,275円です。

したがって、Ｃさん以外の３人は、１人あたりが支払(しはら)う金額(きんがく)よりも少なく支払(しはら)っていることがわかります。つまり、1,275円に**満(み)たない**㉓金額(きんがく)をＣさんに支払(しはら)うことで、全員(ぜんいん)が同じ金額(きんがく)を支払(しはら)ったことになります。

・Ａさん：Ｃさんに1,275円－1,000円＝275円支払(しはら)います。
・Ｂさん：Ｃさんに1,275円－1,000円＝275円支払(しはら)います。
・Ｄさん：Ｃさんに1,275円－1,250円＝25円支払(しはら)います。…**正解(せいかい)は**［**Ｄ**］です。

なお、Ｃさんは275円＋275円＋25円＝575円受(う)け取ることで、1,850円－575円＝1,275円支払(しはら)ったことになります。

㉓**満(み)たない**…ある数に達(たっ)しないという意味。「未満(みまん)」と同じ。

2 料金の割引

重要度：★★★★★

「代金の精算」は、普段友達とご飯を食べるときにもしていることなので、わかりやすかったです。

そうですよね。SPIでは仕事で必要になる考え方や計算に関する問題も多いので、普段の生活に出てくる計算が役立つこともあります。

そうなんですね。でも、こういう問題であれば、日本語がわかればできる気がします。

いいですね！　少しずつ学んでいきましょう。次は「料金の割引」です。これも普段、買い物をするときにしている計算ですね。

はい。それならできそうな気がしてきました！

練習問題

1．通販サイトで水（1本80円）を注文する。
まとめ買いが得であり、11本以上買うと11本目以降は20％引きになる。

日本語レベル：★★

（1）30本購入する場合、いくらになるか？

［A］1,920円　［B］2,080円　［C］2,160円　［D］2,240円　［E］2,400円

（2）31本以上購入すると、31本目以降は30％引きになる。また、合計金額に5％還元㉔が付いている。40本購入する場合、還元後の金額はいくらになるか？

［A］2,128円　［B］2,240円　［C］2,508円　［D］2,640円　［E］2,772円

㉔還元…元に戻すこと。（例）客が支払った代金の一部を、店が客に還元する。

練習問題解説

1．通販サイトで水（１本80円）を注文する。
まとめ買いが得であり、11本以上買うと11本目以降は20％引きになる。

（１）30本購入する場合、いくらになるか？

［A］1,920円　［B］2,080円　［C］2,160円　［D］2,240円　［E］2,400円

１～10本目までは、１本80円なので、80円×10本＝800円です。…①

11本目以降は、80円から20％（0.2）が割引かれるので、80円×（1－0.2）＝80円×0.8＝64円になります。したがって、11～30本目までの20本の合計金額は、64円×20本＝1,280円です。…②

①と②の合計は、800円＋1,280円＝2,080円となります。…**正解は**［B］です。

（２）31本以上購入すると、31本目以降は30％引きになる。また、合計金額に５％還元が付いている。40本購入する場合、還元後の金額はいくらになるか？

［A］2,128円　［B］2,240円　［C］2,508円　［D］2,640円　［E］2,772円

31本目以降は、80円から30％（0.3）が割引かれるので、80円×（1－0.3）＝80円×0.7＝56円になります。したがって、31～40本目までの10本の合計金額は、56円×10本＝560円です。30本目までの合計金額は、（１）の2,080円のため、40本目までの合計金額は、2,080円＋560円＝2,640円です。このうち、５％（0.05）が還元されるため、還元額は、2,640円×0.05＝132円です。

したがって、購入金額の合計から還元額を引くと、2,640円－132円＝2,508円円となります。…**正解は**［C］です。

POINT

➜ 数字の表現に気をつけよう。

「20％＝２割＝0.2」であり、すべて同じ意味。

➜ 割引価格＝定価－（定価×n㉕％）＝定価×（1－n％）

㉕ **n**…単に数という意味の "number" の略。具体的な数字の代わりに使われる。

実践問題

1．忘年会㉖の予約をする。予約先には団体割引キャンペーンがあり、1人あたり3,500円のコースが、5人目から20％引きになる。また、幹事の飲食代は無料になるが、割引が適用される場合、割引かれた金額が無料になる。9人で予約した場合、1人当たりの金額はいくらになるか？

日本語レベル：★★★

［A］2,489円　［B］2,678円　［C］2,800円　［D］2,993円　［E］3,111円

2．A社の部品は1個あたり2,180円で、B社より1個あたり120円安く購入することができる。しかし、B社は8個を超えて購入すると、それ以降1つあたり10％引きになる。何個以上購入すると、合計金額がA社よりB社のほうが安くなるか？

日本語レベル：★★★

［A］14個　［B］15個　［C］16個　［D］17個　［E］18個

3．今度の旅行で民泊を利用する。
予約先は、1泊8,000円で、2～3泊目は5％引き、4～5泊目は20％引き、6泊目以降は30％引きになる。10泊する場合、10泊で予約するのと、2回に分けて5泊を続けて予約するのでは、金額がいくら異なるか？

日本語レベル：★★★

［A］6,400円　［B］6,800円　［C］7,200円　［D］7,600円　［E］8,000円

実践問題解説

1．忘年会の予約をする。予約先には団体割引キャンペーンがあり、1人あたり3,500円のコースが、5人目から20％引きになる。また、幹事の飲食代は無料になるが、割引が適用される場合、割引かれた金額が無料になる。9人で予約した場合、1人当たりの金額はいくらになるか？

［A］2,489円　［B］2,678円　［C］2,800円　［D］2,993円　［E］3,111円

㉖忘年会…年末に開かれる宴会。1年を振り返ったり、無事に終えられることを感謝し合いながら酒を飲んだり、食事をしたりする会。

1～4人目までの金額は、3,500円×4人＝14,000円です。

5人目以降、3,500円から20％(0.2)が割引かれるので、1人あたりの金額は、3,500円×(1－0.2)＝3,500円×0.8＝2,800円です。

さらに、幹事の代金として、割引された金額のうち1人分が0円になります。そのため、1人を除く、5～8名目までの4人分の合計は、2,800円×4人＝11,200円です。したがって、8人分の合計金額は、14,000円＋11,200円＝25,200円です。

これを9人で割ると、1人あたりの金額は、25,200円÷9＝2,800円になります。…**正解は**［C］です。

2．A社の部品は1個あたり2,180円で、B社より1個あたり120円安く購入することができる。しかし、B社は8個を超えて購入すると、それ以降1つあたり10％引きになる。何個以上購入すると、合計金額がA社よりB社のほうが安くなるか？

［A］14個　［B］15個　［C］16個　［D］17個　［E］18個

B社の部品価格は、A社より120円高いことから、2,180円＋120円＝2,300円です。

120円の差があるので、8個購入するまでに、A社とB社で120円×8個＝960円の差が生じます。

しかし、B社は、9個目以降、2,300円から10％(0.1)が割引かれるので、2,300円×(1－0.1)＝2,300円×0.9＝2,070円とA社より安くなります。そのため、9個目以降は、1個買うごとに、2,180円－2,070円＝110円ずつ、A社と差が縮まります。

B社から購入するほうが安くなる個数は、次の式で求められます。

960円　＜　110円× x

x　＞　960円÷110円＝8.72

つまり、割引かれた金額で9個以上購入すると、合計金額がB社のほうが安くなります。したがって、8個＋9個＝17個です。…**正解は**［D］です。

3．今度の旅行で民泊を利用する。
予約先は、1泊8,000円で、2～3泊目は5％引き、4～5泊目は20％引き、6泊目以降は30％引きになる。10泊する場合、10泊で予約するのと、2回に分けて5泊を続けて予約するのでは、金額がいくら異なるか？

［A］6,400円　［B］6,800円　［C］7,200円　［D］7,600円　［E］8,000円

〈10泊する場合〉

・1泊目：8,000円…①

・2～3泊目：8,000円から5％(0.05)が割引かれるので、
8,000円×(1－0.05)×2泊＝8,000円×0.95×2泊＝7,600円×2泊＝15,200円…②

・4～5泊目：8,000円から20％(0.2)が割引かれるので、
8,000円×(1－0.2)×2泊＝8,000円×0.8×2泊＝6,400円×2泊＝12,800円…③

・6～10泊目：8,000円から30％(0.3)が割引かれるので、
8,000円×(1－0.3)×5泊＝8,000円×0.7×5泊＝28,000円…④

したがって、①＋②＋③＋④＝8,000円＋15,200円＋12,800円＋28,000円＝64,000円です。

〈5泊を2回する場合〉

(①＋②＋③)×2回＝(8,000円＋15,200円＋12,800円)×2回＝36,000円×2回＝72,000円

5泊を2回する場合のほうが高く、差額は72,000円－64,000円＝8,000円になります。…**正解は［E］です。**

［別解］ 割引率を下記の表のように整理して、計算することができます。

泊数	1	2	3	4	5	6	7	8	9	10	合計
10泊	0％	5％	5％	20％	20％	30％	30％	30％	30％	30％	200％
5泊	0％	5％	5％	20％	20％	―	―	―	―	―	50％

・10泊の割引率：5％×2＋20％×2＋30％×5＝10％＋40％＋150％＝200％

・5泊の割引率：5％×2＋20％×2＝10％＋40％＝50％となり、2回すると50％×2＝100％

したがって、〈10泊する場合〉と〈5泊を2回する場合〉の割引率の差は200％－100％＝100％になります。

1泊あたり8,000円のため、差額は8,000円×1泊＝8,000円になります。

3 損益算（そんえきざん）

重要度（じゅうよう）：★★★★★

「料金の割引（わりびき）」もしたことがあるような計算（けいさん）でしたが、結構難（むずか）しいですね。

SPIは慣（な）れが大事です。実（じつ）は普段（ふだん）もしている計算（けいさん）でも、いざテストとしてやると、難（むずか）しく感じたりします。特に、SPIでは制限（せいげん）時間もあるので、あせって解（と）けなくなることもあると思います。

そうです。私のような留学生（りゅうがくせい）からしたら、まず、問題の日本語を理解（りかい）する必要（ひつよう）があるので、それだけでも大変（たいへん）です。

そうですよね。少しでも速く解（と）けるようにするには、問題を繰（く）り返（かえ）し解（と）いて慣（な）れることです。それから、問題を見たら、どのような計算（けいさん）をすればよいかすぐにわかるようになることです。これは、日本人学生も同じことです。

日本人学生にとっても、慣（な）れが必要（ひつよう）になるのですね！

そうです。SPIは短い時間で速く解（と）くことが求（もと）められるので、問題に慣（な）れることが重要（じゅうよう）なのです。それでは、次に「損益算（そんえきざん）」にチャレンジしましょう。

練習問題（れんしゅう）

1．今年の学園祭で、唐揚げを販売した。
唐揚げ1個あたり50円で販売したところ、640個売れ、利益㉗は19,200円であった。唐揚げ1個あたりの原価㉘はいくらか？

日本語レベル：★★★

［A］10円　［B］20円　［C］30円　［D］40円　［E］50円

練習問題解説

1．今年の学園祭で、唐揚げを販売した。
唐揚げ１個あたり50円で販売したところ、640個売れ、利益は19,200円であった。唐揚げ１個あたりの原価はいくらか？

［A］10円　［B］20円　［C］30円　［D］40円　［E］50円

640個売れて、利益が19,200円のため、１個あたりの利益は19,200円÷640円＝30円です。

売値は１個あたり50円のため、唐揚げ１個あたりの原価は50円－30円＝20円となります。…**正解は［B］**です。

POINT

→ 会計㉙用語を覚えよう。

「定価」㉚＝「原価」＋「利益」

「販売価格（売値）」＝「定価」×「1－割引率」

「利益率」＝「利益」÷「売上」

※実際に売られるときの値段は割引されることもあるため、「定価」は必ずしも「販売価格」と同じではない。

㉗**利益**…もうけ。費用を除いて得られているもの。
㉘**原価**…商品を仕入れたり、作ったりするためにかかる費用。
㉙**会計**…企業などの組織の活動で、お金や物の増減を貨幣単位に記録し、管理すること。
㉚**定価**…生産者および製造者など、モノや価値を提供する人があらかじめ定めた価格。

実践(じっせん)問題

1．原価300円のお茶を輸入販売する。

（１）利益率を20％にする場合、売値はいくらになるか？

日本語レベル：★★★

［A］360円　［B］365円　［C］370円　［D］375円　［E］380円

（２）101個以上まとめて輸入する場合、101個目から原価の20％引きで仕入れることができる。200個を輸入して（１）で求めた価格で販売した場合、利益はいくらになるか？

日本語レベル：★★★

［A］19,000円　［B］20,000円　［C］21,000円
［D］22,000円　［E］23,000円

（３）200個すべてを300円の原価で仕入れた場合と比べて、（２）はどのくらい利益率が高くなるか？

日本語レベル：★★★

［A］６％　［B］８％　［C］10％　［D］12％　［E］14％

2．ベーカリーの新商品として、Aを200円、Bを150円、Cを80円で販売する。

（１）１日あたりの材料費は、30,000円かかっている。本日の売上は、Aが80個、Bが60個である。Cが何個以上販売できていたら、赤字㉛にならないか？

日本語レベル：★★★

［A］61個　［B］62個　［C］63個　［D］64個　［E］65個

（２）原価80円のAを、午後から３割引にして販売した。
Aの午後の売上は20個、閉店後の残りは５個となった。本日のAの売上が16,200円だった場合、Aの利益はいくらになるか？

日本語レベル：★★★

［A］6,940円　［B］7,360円　［C］7,840円　［D］8,840円　［E］9,240円

㉛赤字(あかじ)…支出（費用(ひよう)）が収入（売上）よりも多いこと。反対語は「黒字(くろじ)」

実践問題解説

1．原価300円のお茶を輸入販売する。

（1）利益率を20％にする場合、売値はいくらになるか？

［A］360円　［B］365円　［C］370円　［D］375円　［E］380円

利益率は、**売上総利益**㉜÷売上で求められます。また、売上は、原価＋利益で求められます。そして、利益は、売値－原価で求められます。

売値(x)－300円＝利益(y)…①　売上総利益(y)÷売上(x)＝利益率20％(0.2)…②とすると、②より、y＝0.2x → 10y＝2x → x＝10y÷2＝5y…③

①③より、5y－300円＝y → 5y－y＝300円 → 4y＝300円＝75円…④

①④より、x－300円＝75円 → x＝75円＋300円＝375円となります。…**正解は［D］**です。

（2）101個以上まとめて輸入する場合、101個目から原価の20％引きで仕入れることができる。200個を輸入して（1）で求めた価格で販売した場合、利益はいくらになるか？

［A］19,000円　［B］20,000円　［C］21,000円

［D］22,000円　［E］23,000円

・100個までの仕入れ価格：300円×100個＝30,000円

・101～200個までの仕入れ価格：300円から20％(0.2)が割引かれるので、300円×(1－0.2)×100個＝300円×0.8×100個＝24,000円

したがって、200個を購入した仕入れ価格は、30,000円＋24,000円＝54,000円…⑤

（1）の答えより、売上は375円×200個＝75,000円…⑥

利益は、売値－原価で求められるため、⑤⑥より、75,000円－54,000円＝21,000円となります。…**正解は［C］**です。

㉜**売上総利益**…「利益」の一つで、売上に対するもうけ。売上から費用を除いた利益。「粗利」ともいう。

（3）200個すべてを300円の原価で仕入れた場合と比べて、（2）はどのくらい利益率が高くなるか？

［A］6％　［B］8％　［C］10％　［D］12％　［E］14％

（2）の⑥と答えより、（2）の利益率は、21,000円÷75,000円＝0.28＝28％です。
（1）のとおり、本来の利益率は20％であるため、28％－20％＝8％です。…**正解は［B］**です。

2．ベーカリーの新商品として、Aを200円、Bを150円、Cを80円で販売する。

（1）1日あたりの材料費は、30,000円かかっている。本日の売上は、Aが80個、Bが60個である。Cが何個以上販売できていたら、赤字にならないか？

［A］61個　［B］62個　［C］63個　［D］64個　［E］65個

・Aの売上：200円×80個＝16,000円
・Bの売上：150円×60個＝9,000円

赤字にならないようにするには、売上の合計が材料費を上回る必要があります。
30,000円－(16,000円＋9,000円)＝30,000円－25,000円＝5,000円より、Cの売上が5,000円を上回っていればよいことになり、5,000円÷80円＝62.5個
したがって、63個以上販売できていればよいことになります。…**正解は［C］**です。

（2）原価80円のAを、午後から3割引にして販売した。
Aの午後の売上は20個、閉店後の残りは5個となった。本日のAの売上が16,200円だった場合、Aの利益はいくらになるか？

［A］6,940円　［B］7,360円　［C］7,840円　［D］8,840円　［E］9,240円

Aの3割引(0.3割引)は、200円×(1－0.3)＝200円×0.7＝140円です。
3割引で販売したAの売上は、140円×20個＝2,800円です。
Aの売上全体から、3割引で販売した売上を除くと、16,200円－2,800円＝13,400円です。したがって、本来の定価200円で販売できた個数は、13,400円÷200円＝67個であることがわかります。　**※売れ残った5個も忘れないこと！**
本日のAの原価は80円×(67個＋20個＋5個)＝80円×92個＝7,360円です。
利益は、16,200円－7,360円＝8,840円です。…**正解は［D］**です。

4 割合

重要度：★★★★★

計算はわかるんですけど、やっぱり日本語が難しいです。

私は、今まで日本人学生に就職活動の話をすることはありましたが、留学生にアドバイスするのは初めてです。留学生にとって何が難しいのか想像ができていなかったので、勉強になります。

先生も勉強になるんですか？

そうですよ、先生もわからないことはたくさんありますから。私の説明でわからないことがあったら、気にせずに言ってくださいね。

はい、わかりました！

留学生の皆さんにとっては、SPIもわからないことばかりだと思います。調べてもわからないことは、日本人に教えてもらうようにしましょう。

練習問題

1．ある資格試験の合格率は30％で、今年は13,700名が受験する。合格率が正しい場合、合格する人は何名になるか？

日本語レベル：★★★

［A］4,080名　［B］4,110名　［C］4,150名　［D］4,210名　［E］4,300名

練習問題解説

１．ある資格試験の合格率は30％で、今年は13,700名が受験する。合格率が正しい場合、合格する人は何名になるか？

［A］4,080名　［B］4,110名　［C］4,150名　［D］4,210名　［E］4,300名

合格率が30％（0.3）であるため、13,700名×0.3＝4,110名です。…**正解は［B］**です。

POINT

→「全体」×「割合㉝（n％）」＝「部分」
「部分」÷「割合（n％）」＝「全体」
→10％＝１割＝0.1

実践問題

１．株式会社ABCの従業員は、現在620名である。
そのうち、外国籍の社員は５％である。来年までに100名の採用を予定しており、外国籍社員比率を７％以上にしたいと考えている。来年までに何名以上の外国籍社員を採用する必要があるか？
なお、来年までの退職㉞者は０名とする。

日本語レベル：★★

［A］10名　［B］15名　［C］20名　［D］25名　［E］30名

㉝割合…全体に対する比率。
㉞退職…会社を辞めること。

2．先月の宿泊者数は1,100名で、売上は13,200,000円であった。
今月は10周年記念キャンペーンで宿泊料を20％割引にする。先月以上の売上を得たい場合、先月比較で何％以上宿泊者数を増やす必要があるか？

日本語レベル：★★

［A］123％　［B］125％　［C］127％　［D］129％　［E］131％

3．20％食塩水300ml がある。
なお、答えに小数点㉟が生じる場合は、繰り上げ㊱て整数㊲を答えとする。

（1）食塩水の中に、食塩は何ｇ入っているか？

日本語レベル：★★

［A］40ｇ　［B］50ｇ　［C］60ｇ　［D］70ｇ　［E］80ｇ

（2）上記（1）に500ml の水と100ｇの食塩を加えると、何％の食塩水ができるか？

［A］12.56％　［B］17.8％　［C］20.0％　［D］21.6％　［E］40.0％

4．マーケティング担当として、イベントの申し込みを管理している。

日本語レベル：★★

（1）昨年、Web 広告を出したとき、申し込み１人あたり300円の広告費がかかった。今、500名の申し込み人数のうち、Web 広告からの申し込み人数は全体の64％だとすると、Web 広告費はいくらかかっていることになるか？

［A］85,000円　［B］91,500円　［C］94,200円
［D］96,000円　［E］98,400円

㉟小数点（しょうすうてん）…０よりも小さい数（小数（しょうすう））を表す記号。「.」。
㊱繰り上げ（くりあげ）…下のものを上にする、または、後ろのものを前にすること。
㊲整数（せいすう）…０に１を足したり引いたりした数で、小数（しょうすう）や分数（ぶんすう）ではない数。

（２）広告費全体の予算が160,000円で、（１）に追加して、広告費全体比率24％をWeb広告費に利用した。残りの予算は、１通80円のメルマガに投資することにした。メルマガからの申し込み率が７％の場合、メルマガからの申し込み人数は何名になるか？

［A］22名　［B］24名　［C］26名　［D］28名　［E］30名

実践問題解説

１．株式会社ABCの従業員は、現在620名である。
そのうち、外国籍の社員は５％である。来年までに100名の採用を予定しており、外国籍社員比率を７％以上にしたいと考えている。来年までに何名以上の外国籍社員を採用する必要があるか？
なお、来年までの退職者は０名とする。

［A］10名　［B］15名　［C］20名　［D］25名　［E］30名

現在の外国籍社員比率は５％(0.05)であるため、外国籍社員の人数は、620名×0.05＝31名です。

来年までに100名を採用するため、従業員数は、620名＋100名＝720名となります。

外国籍社員比率の目標は７％(0.07)以上であり、720名×0.07＝50.4名です。そのため、外国籍社員数を51名以上にする必要があります。

したがって、51名－31名＝20名を採用する必要があります。…**正解は［C］**です。

２．先月の宿泊者数は1,100名で、売上は13,200,000円であった。
今月は10周年記念キャンペーンで宿泊料を20％割引にする。先月以上の売上を得たい場合、先月比較で何％以上宿泊者数を増やす必要があるか？

［A］123％　［B］125％　［C］127％　［D］129％　［E］131％

先月の１人あたりの売上は、13,200,000円÷1,100名＝12,000円です。

今月は20％(0.2)割引くということは、宿泊料は12,000円×(1－0.2)＝12,000円×0.8＝9,600円になります。

先月以上の売上を得るための宿泊者数は、次の式で求められます。

13,200,000円　≦　9,600円×x

x　≧　13,200,000円÷9,600円＝1,375名

つまり、今月は1,375名以上の宿泊者数が必要であり、先月との比較では、1,375名÷1,100名＝125％以上となります。…**正解は［B］です。**

3．20％食塩水300mlがある。

なお、答えに小数点が生じる場合は、繰り上げて整数を答えとする。

（1）食塩水の中に、食塩は何g入っているか？

［A］40g　［B］50g　［C］60g　［D］70g　［E］80g

濃度が20％（0.2）のため、食塩は300ml×0.2＝60gです。…**正解は［C］です。**

（2）上記（1）に500mlの水と100gの食塩を加えると、何％の食塩水ができるか？

［A］12.56％　［B］17.8％　［C］20.0％　［D］21.6％　［E］40.0％

（1）より、20％食塩水300mlの場合、食塩が60gのため、水は300ml－60g＝240mlです。

水500mlと食塩100gを加えると、食塩水は、水240ml＋水500ml＋食塩60g＋食塩100g＝900mlになります。

したがって、食塩水の濃度は、160g÷900ml＝0.177≒17.8％となります。…**正解は［B］です。**

4．マーケティング担当として、イベントの申し込みを管理している。

（1）昨年、Web広告を出したとき、申し込み1人あたり300円の広告費がかかった。今、500名の申し込み人数のうち、Web広告からの申し込み人数は全体の64％だとすると、Web広告費はいくらかかっていることになるか？

［A］85,000円　［B］91,500円　［C］94,200円

［D］96,000円　［E］98,400円

Web広告からの申込者数は、全体の64％（0.64）のため、500名×0.64＝320名です。

1人あたり300円の広告費がかかるので、Web広告費は300円×320名＝

96,000円です。…**正解は［D］です。**

（２）広告費全体の予算が160,000円で、（１）に追加して、広告費全体比率24％をWeb広告費に利用した。残りの予算は、１通80円のメルマガに投資することにした。メルマガからの申し込み率が７％の場合、メルマガからの申し込み人数は何名になるか？

［A］22名　［B］24名　［C］26名　［D］28名　［E］30名

Web広告費は、（１）ですでに96,000円かかっています。広告費全体の予算の残りは、160,000円－96,000円＝64,000円です。

160,000円の24％（0.24）は、160,000円×0.24＝38,400円です。つまり、Web広告費に利用した残りの広告予算は、64,000円－38,400円＝25,600円です。

メルマガは１通80円のため、25,600円÷80円＝320通送ることができます。

メルマガからの申し込み率は７％（0.07）のため、320通×0.07＝22.4名です。したがって、申し込み人数は22名です。…**正解は［A］です。**

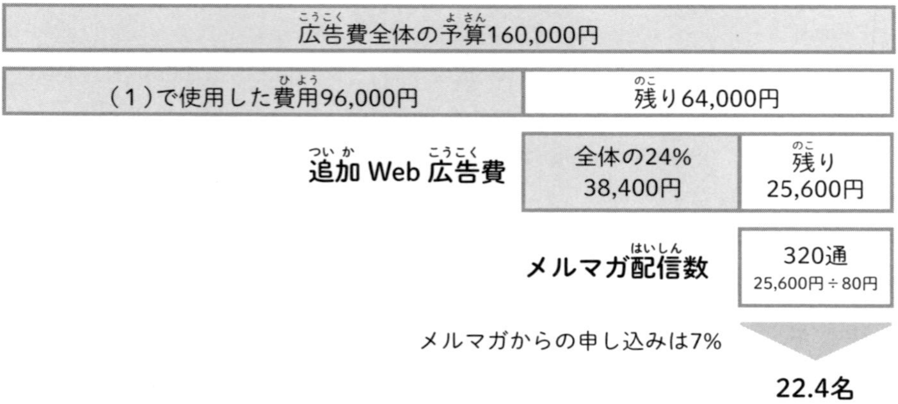

広告費全体の予算160,000円

（１）で使用した費用96,000円　｜　残り64,000円

追加Web広告費　全体の24％ 38,400円　｜　残り 25,600円

メルマガ配信数　320通 25,600円÷80円

メルマガからの申し込みは7％

22.4名

5 仕事算

重要度：★★★★★

本当に仕事で使うイメージがする問題ですね。

実際に、日本企業で働く現場でも、「仕事算」を使うことは多いですからね。

そうですか。

仕事をするときも時間には限りがありますから、いかに納期に間に合うように、仕事を速く進められるかが大事になります。

日本人は時間に厳しいですからね……。あ、SPIもそうか。

そうかもしれませんね。SPI対策も社会人になるための勉強だと思って、準備をしていきましょう。

練習問題

1．結婚式の契約時に、費用総額の1/5を支払った。
結婚式のプランが確定したので、残りの金額の1/3を支払った。残りの支払額は、総額に対しどれだけか？

日本語レベル：★★★

［A］1/3　［B］2/3　［C］2/5　［D］4/15　［E］8/15

練習問題解説

1．結婚式の契約時に、費用総額の1/5を支払った。
結婚式のプランが確定したので、残りの金額の1/3を支払った。残りの支払額は、総額に対しどれだけか？

［A］1/3　［B］2/3　［C］2/5　［D］4/15　［E］8/15

結婚式の契約時の支払いで残った費用は、1−1/5＝4/5です。プランが確定したときに、残りの4/5に対して1/3を支払っているので、4/5×1/3＝4/15支払ったことになります。

1−(1/5+4/15)＝1−(３＋４)/15＝1−7/15＝8/5…**正解は**［E］です。

POINT

➔ 全体を「１」として考え、どのくらい完了しているか、分数を使って割合を計算する。

➔ 分数の計算の仕方を復習しておこう！

実践問題

1．200,000万円のパソコンを購入する。

日本語レベル：★★★

（１）頭金㊳として80,000円を支払った。残りの購入費には12％の利子㊴を付けて６回に分けて支払う。１回あたりの支払額は、パソコンの購入費に対しどれだけか？

［A］7/52　［B］6/75　［C］14/125　［D］33/240　［E］23/250

㊳**頭金**…分割で支払う場合の最初の支払額、または、契約するときに最初に支払うお金。
㊴**利子**…お金を借りたときに一定の率で増え、追加で支払う必要があるお金。

（2）パソコンの価値は、毎年40,000円ずつ下がり、5年間で0円になる。3年5か月目に20%の価値を上乗せして売る場合、購入時に対してどのくらいの価値になるか？

［A］17/29　［B］21/33　［C］28/47　［D］19/50　［E］31/60

2．システム開発のプロジェクトで、30日で仕事を終える必要がある。

日本語レベル：★★★

（1）1日あたり1/90を終えることができる場合、何名いれば30日で仕事を終えることができるか？

［A］2名　［B］3名　［C］4名　［D］5名　［E］6名

（2）30日中10日間で5/24の仕事を終えることができた。この後、1日あたり5/96のペースで仕事を進めた場合、最後の5日間は、1日どのくらいの仕事量をこなせばよいか？

［A］1/96　［B］1/192　［C］1/260　［D］1/320　［E］1/480

（3）5日経過するごとに生産性㊵が50%上がる場合、本来30日かかる仕事は何日で終えることができるか？

［A］15日　［B］16日　［C］17日　［D］18日　［E］19日

実践問題解説（じっせんもんだいかいせつ）

1．200,000万円のパソコンを購入（こうにゅう）する。

（1）頭金（あたまきん）として80,000円を支払（しはら）った。残（のこ）りの購入費（こうにゅうひ）には12%の利子（りし）を付（つ）けて6回に分けて支払（しはら）う。1回あたりの支払額（しはらいがく）は、パソコンの購入費（こうにゅうひ）に対（たい）しどれだけか？

［A］7/52　［B］6/75　［C］14/125　［D］33/240　［E］23/250

㊵生産性（せいさんせい）…どのくらい生産（せいさん）する力があるか。

１回あたりの支払額は、下記の図のように整理することができます。

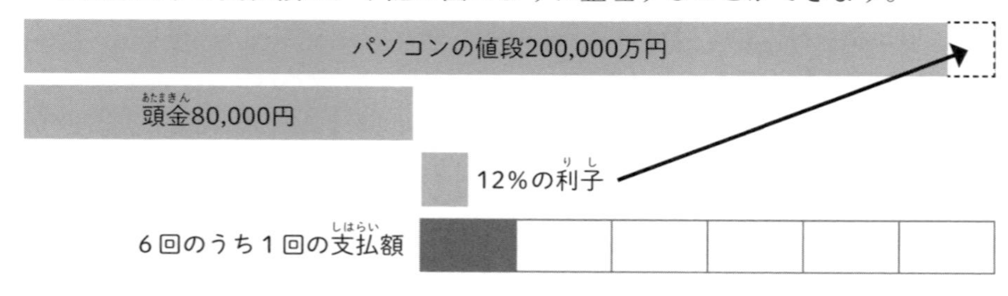

頭金80,000円を支払うと、購入費の残りは200,000円－80,000円＝120,000円です。利子は12%（0.12）のため、120,000円×0.12＝14,400円です。したがって、残りの支払額の合計は、120,000円＋14,400円＝134,400円です。

６回に分けて支払うことから、１回あたり134,400円÷６回＝22,400円、パソコンの購入費に対し22,400円÷200,000円＝0.112となります。

したがって、112/1,000＝112÷8/1,000÷8＝14/125です。…**正解は［C］**です。

［別解］

頭金80,000円は、購入費200,000円に対し、80,000/200,000＝80,000÷40,000/200,000÷40,000＝2/5です。

購入費の残りは、1－2/5＝3/5であり、200,000円×3/5＝200,000円÷5×3＝120,000円です。また、利子は12%（0.12）のため、120,000円×0.12＝14,400円であり、購入費の残りに対し、14,400/120,000＝14,400÷4,800/120,000÷4,800＝3/25です。

したがって、残りの支払額の合計は、3/5＋(3/5×3/25)＝3/5＋(3×3/5×25)＝3/5＋9/125＝3×25/5×25＋9/125＝75/125＋9/125＝84/125

６回に分けるため、84/125÷6＝14/125となります。

（２）パソコンの価値は、毎年40,000円ずつ下がり、５年間で０円になる。３年５か月目に20% の価値を上乗せして売る場合、購入時に対してどのくらいの価値になるか？

［A］17/29　［B］21/33　［C］28/47　［D］19/50　［E］31/60

購入費に対する価値は、下記の図のように整理することができます。

パソコンの値段200,000万円

3年5か月目までになくなる価値

残りの価値に対する20%の価値

残りの価値

5年＝12か月×5＝60か月と表すことができます。3年5か月の価値は、5年に対し（12＋12＋12＋5）/60＝41/60です。

価値全体を1とした場合、残りの価値は、1－(41/60)＝(60－41/60)＝19/60です。上乗せする20%(1/5)の価値は、19/60×1/5＝19/300です。

したがって、19/60＋19/300＝95/300＋19/300＝114/300＝19/50となります。…**正解は**［D］です。

［別解］

5年間の価値全体を1とした場合、1年は1/5となります。つまり、3年5か月目の残りの年月1年7か月は、次のように表すことができます。

1年(1/5)＋7か月(1/5×7/12)＝1/5＋7/60＝(12＋7)/60＝19/60

20%の価値を加えるとは、価値を120%(120/100＝6/5)にすることであるため、19/60×6/5＝114/300＝19/50となります。

2．システム開発のプロジェクトで、30日で仕事を終える必要がある。

（1） 1日あたり1/90を終えることができる場合、何名いれば30日で仕事を終えることができるか？

［A］2名　［B］3名　［C］4名　［D］5名　［E］6名

1日あたり1/90ということから、全体1に対して1名では90日かかることになります。

30日で終わらせるために必要なのは、90日÷30日＝3名です。…**正解は**［B］です。

（２）30日中10日間で5/24の仕事を終えることができた。この後、１日あたり5/96のペースで仕事を進めた場合、最後の５日間は、１日どのくらいの仕事量をこなせばよいか？

［A］1/96　［B］1/192　［C］1/260　［D］1/320　［E］1/480

残り20日間に対する仕事量は、1－5/24＝24/24－5/24＝19/24です。

１日あたり5/96のペースで仕事を15日間続けた場合、5/96×15日＝75/96＝75÷3/96÷3＝25/32の仕事が終わります。つまり、残り５日間に対する仕事量は、19/24－25/32＝19×4/24×4－25×3/32×３＝76/96－75/96＝1/96です。

したがって５日間のうち１日あたりの仕事量は、1/96÷5＝1/96×1/5＝1/480です。…**正解は**［E］です。

（３）５日経過するごとに生産性が50％上がる場合、本来30日かかる仕事は何日で終えることができるか？

［A］15日　［B］16日　［C］17日　［D］18日　［E］19日

（1）より、30日で終わらせるために必要な人数は３名で、１日あたり1/90×3名＝1/30の仕事を終えることができます。

・１～５日：５日間で1/30×5日＝5/30の仕事を終えられます。

・６～10日：生産性が50％(0.5)上がるため、1＋1×0.5/30＝1＋0.5/30＝1.5/30となり、５日間で1.5/30×５日＝7.5/30の仕事を終えられます。

つまり、10日間で5/30＋7.5/30＝12.5/30の仕事が完了していることになります。

・11～15日：生産性がさらに50％(0.5)上がるため、1.5＋1.5×0.5/30＝1.5＋0.75/30＝2.25/30となり、５日間で2.25/30×５日＝11.25/30を終えられます。

つまり、15日間で5/30＋7.5/30＋11.25/30＝23.75/30の仕事が完了していることになります。残りの仕事量は、1－23.75/30＝30/30－23.75/30＝6.25/30です。

・16～20日：生産性がさらに50％(0.5)上がるため、2.25＋2.25×0.5/30＝2.25＋1.125×0.5/30＝3.375/30となります。残りの仕事量は、6.25/30のため、6.25÷3.375＝1.85…日です。したがって、あと２日、17日目で終わることになります。…**正解は**［C］です。

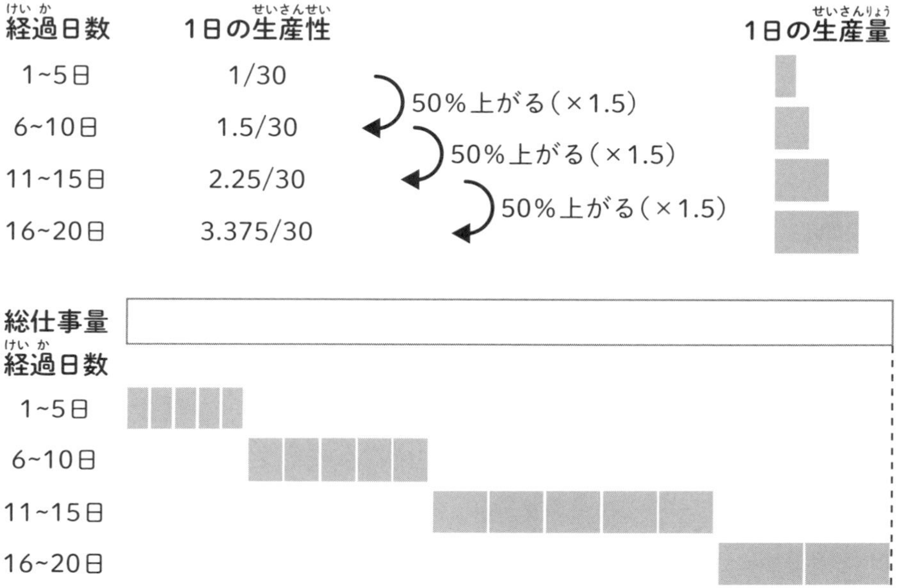

経過日数	1日の生産性	
1~5日	1/30	
6~10日	1.5/30	50%上がる(×1.5)
11~15日	2.25/30	50%上がる(×1.5)
16~20日	3.375/30	50%上がる(×1.5)

1日の生産量

総仕事量

経過日数

1~5日

6~10日

11~15日

16~20日

6 集合

重要度：★★★★★

何だか難しくなった気がします。分数なんて久しぶりに見ました。大学の授業では出てこないですから。

確かにそうですね。SPIの非言語問題では、日本人学生が高校時代までに勉強した算数・数学の知識を使うことがよくあります。

思い出せるようで思い出せません。やっぱり準備が必要ですね。

はい。普段使わないと忘れてしまいますからね。

それに、勉強していたときは、仕事で実際に使うことなんかまったくイメージしていなかったです。

皆そうだと思います。仕事を始めて、数学の重要性に気づくことは多いものです。次の「集合」の問題も、きっと仕事に必要と感じますよ。

練習問題

1．次の表を見て、各問題に答えなさい。

日本語レベル：★★

	文系㊶	理系㊷	N３合格者
男性	5名	10名	8名
女性	12名	3名	14名

㊶文系…人文社会、法律、政治、経済、経営、教育、国際関係などの学部を指す。
㊷理系…工学、理学、農学、医学などの学部を指す。

（1）男性で文系かつ㊸N３合格者は４名である。男性で理系かつN３合格者は何名か？

［A］1名　［B］2名　［C］4名　［D］6名　［E］8名

（2）女性の理系がN３合格率100％の場合、女性の文系でN３合格者は何名か？

［A］2名　［B］5名　［C］7名　［D］9名　［E］11名

練習問題解説

1．次の表を見て、各問題に答えなさい。

	文系	理系	N３合格者
男性	5名	10名	8名
女性	12名	3名	14名

（1）男性で文系かつN３合格者は４名である。男性で理系かつN３合格者は何名か？

［A］1名　［B］2名　［C］4名　［D］6名　［E］8名

「ベン図㊹」を描いて情報を整理します。

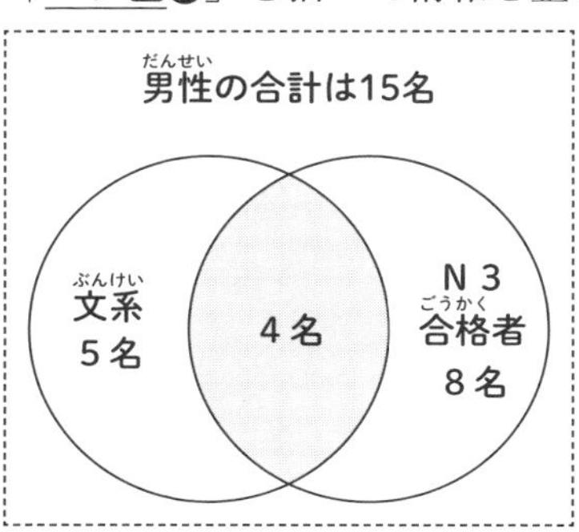

男性のN３合格者は、全員で８名です。そのうち４名が文系ということは、理系のN３合格者は、８名－４名＝４名であることがわかります。…**正解は［C］**です。

（2）女性の理系がN３合格率100％の場合、女性の文系でN３合格者は何名か？

［A］2名　［B］5名　［C］7名　［D］9名　［E］11名

㊸**かつ**…２つの異なるものが同時に成り立つこと。両方という意味。

㊹**ベン図**…複数の集団の関係や範囲について、目で見えるように図示したもの。

「ベン図」を描いて情報を整理します。

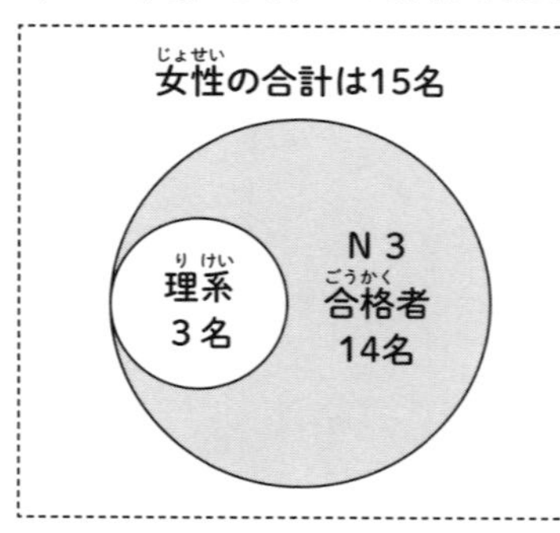

女性のＮ３合格者は全員で14名です。

理系の女性は100％合格、つまり、３名がＮ３合格者です。つまり、他のＮ３合格者が文系です。

文系のＮ３合格者は、14名－３名＝11名であることがわかります。…**正解は［Ｅ］**です。

［参考］ベン図の描き方

［１］グループ（集合）を表す円を描く。

［２］各グループ（集合）の名前や数がわかる場合は、それぞれ記入する。

［３］全体の囲みを描く。

［４］全体の中で、各グループ（集合）の関係を考えて配置し、それぞれの数を記入する。

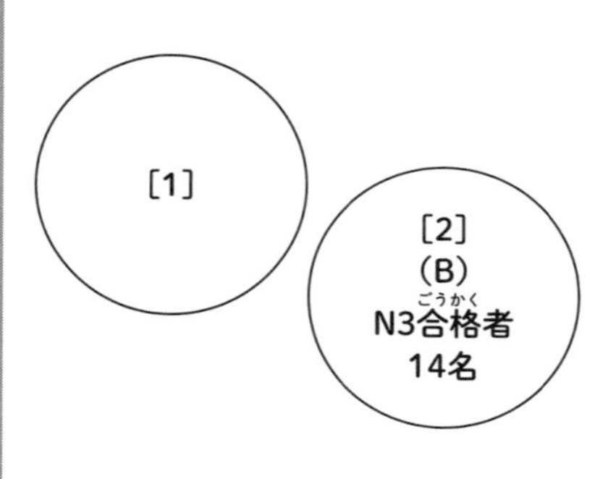

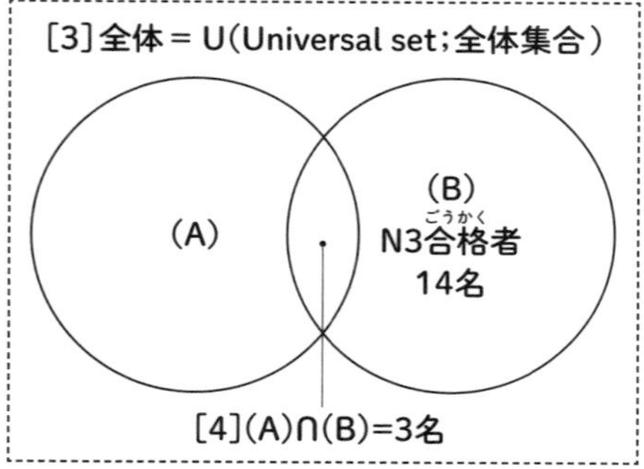

記号の意味

(A) ∩ (B)=(A) かつ (B)

(A) ∪ (B)=(A) または (B)

∩（キャップ）：2つの集合の共通部分

∪（カップ）：2つの集合を合わせた部分

POINT

- ➜ ベン図を描いて、目で見てわかるように情報を整理する。
- ➜ 異なるグループで共通する人数を理解する。
- ➜ あるグループではない人数を足し算と引き算で求める。
- ➜「かつ」や「いずれか㊺」「または㊻」などの語句に注意しよう。

実践問題

1．留学生100名に夏休みの過ごし方についてインタビューした結果を、次の表にまとめた。

日本語レベル：★★★

過ごし方	はい	いいえ
母国に帰国した	22名	78名
旅行をした	67名	33名
アルバイトをした	90名	10名

（1）アルバイトをした人の70％は旅行もしていることがわかった。旅行はしたがアルバイトはしていない人は何名か？

［A］1名［B］2名［C］3名［D］4名［E］5名［F］6名

（2）母国に帰国しただけの人は8名だった。また、帰国した人の半数は旅行に行かず、アルバイトをしていた。母国に帰国した人のうち旅行もした人は何名か？

［A］1名［B］2名［C］3名［D］4名［E］5名［F］6名

㊺**いずれか**…はっきり決まっているわけではないが、複数あるものから、どれか1つという意味。

㊻**または**…2つの異なるものについて、どちらか1つという意味。

２．学校への通学方法についてアンケートを取った。
次のような結果になった。
・電車を使っている人　：260名
・バスを使っている人　：140名
・自転車を使っている人：120名
●２つ以上の交通手段を使う人
・電車とバスを使っている人：100名
・バスと自転車を使っている人：10名
・自転車と電車を使っている人：40名

日本語レベル：★★★

（1）２つ以上の交通手段を使う人は150名、すべての交通手段を使う人は５名いる。いずれか１つの交通手段だけを使っている人は何名か？

［A］145名　［B］155名　［C］370名　［D］375名　［E］475名　［F］520名

（2）いずれの交通手段も使わない人が30名いた。無回答者がいない場合、このアンケートは全員で何名を対象に行われたのか？

［A］290名　［B］380名　［C］405名　［D］520名　［E］550名　［F］600名

３．１学年1,000名に対して、大学を卒業した後の進路について調査をした。アンケートは複数回答できる形式で行った。その結果、「就職」が70％、「進学」が30％、「帰国」が20％、「未決定」が10％であった。

日本語レベル：★★★

（1）「就職」も「帰国」も選ばなかった人は200名いた。「就職」と「帰国」の両方を選んだ人は何名か？

［A］50名　［B］100名　［C］120名　［D］150名　［E］180名　［F］200名

（2）「未決定」を選んだ人で他の選択肢も選んだ人はいなかった。「就職」を選んだ人のうち180名は「進学」も選んだ。また、「就職」を選んだ人のうち100名は「帰国」も選んだ。さらに、「進学」を選んだ人のうち60名は「帰国」も選んだ。「就職」「帰国」「進学」すべてを選んだ人は何名か？

［A］10名　［B］20名　［C］30名　［D］40名　［E］50名　［F］60名

実践問題解説

1．留学生100名に夏休みの過ごし方についてインタビューした結果を、次の表にまとめた。

過ごし方	はい	いいえ
母国に帰国した	22名	78名
旅行をした	67名	33名
アルバイトをした	90名	10名

（1）アルバイトをした人の70％は旅行もしていることがわかった。旅行はしたがアルバイトはしていない人は何名か？

［A］1名［B］2名［C］3名［D］4名［E］5名［F］6名

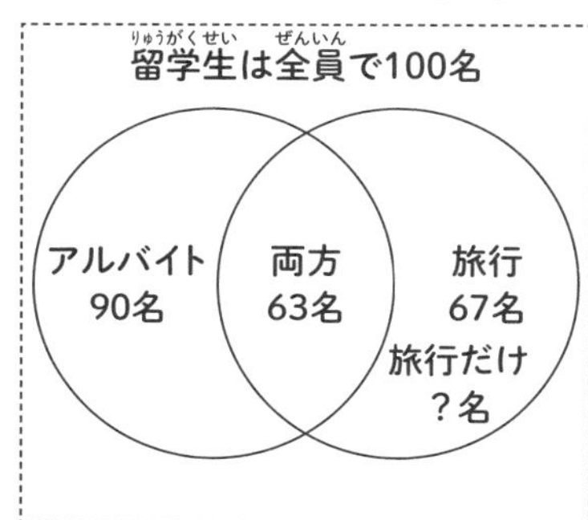

「ベン図」を描いて情報を整理します。

アルバイトをした人の70％（0.7）が旅行にも行っており、その人数は90名×0.7＝63名です。

アルバイトをした人と旅行をした人の合計は90名＋67名＝157名です。

旅行はしたがアルバイトはしていない人は、ベン図の重なり合う部分を引いた人数になるため、67名－63名＝4名です。…**正解は［D］**です。

（2）母国に帰国しただけの人は8名だった。また、帰国した人の半数は旅行に行かず、アルバイトをしていた。母国に帰国した人のうち旅行もした人は何名か？

［A］1名［B］2名［C］3名［D］4名［E］5名［F］6名

「ベン図」を描いて情報を整理します。

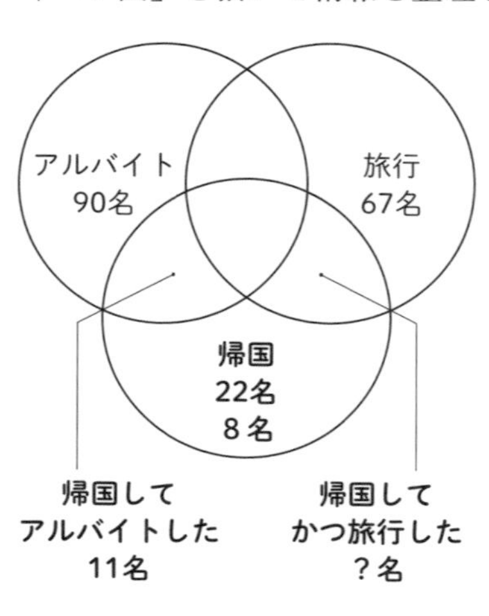

帰国した人22名のうち８名は他のことをしていません。また、帰国をした人のうち半数がアルバイトもしており、その人数は22名÷２＝11名です。

帰国した人22名のうち残りの人が旅行もした人になります。したがって、22名－（８名＋11名）＝22名－19名＝３名です。…正解は［C］です。

2．学校への通学方法についてアンケートを取った。
次のような結果になった。

・電車を使っている人　：260名
・バスを使っている人　：140名
・自転車を使っている人：120名

●２つ以上の交通手段を使う人

・電車とバスを使っている人：100名
・バスと自転車を使っている人：10名
・自転車と電車を使っている人：40名

（１）２つ以上の交通手段を使う人は150名、すべての交通手段を使う人は５名いる。いずれか１つの交通手段だけを使っている人は何名か？

［A］145名　［B］155名　［C］370名　［D］375名　［E］475名　［F］520名

「ベン図」を描いて情報を整理します。

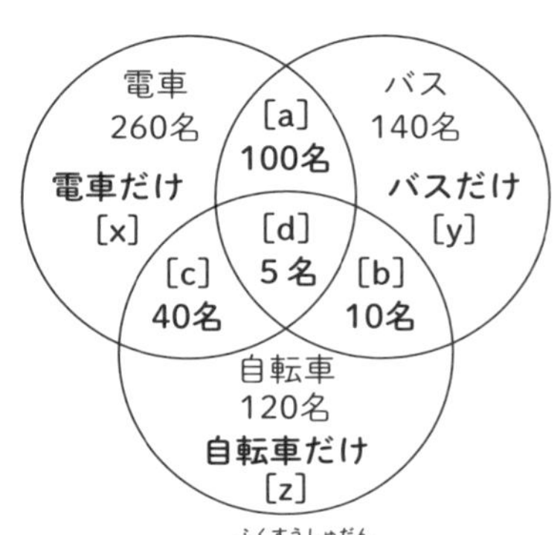

※全体から複数手段の人を引く

2つ以上の交通手段を使う人は150名であり、内容は以下のとおりです。

・電車とバス＝100名［a］
・バスと自転車＝10名［b］
・自転車と電車＝40名［c］

また、すべての交通手段を使う人は5名です。［d］

したがって、いずれか1つの交通手段だけを使っている人は、次の式で求めることができます。

（電車260名＋バス140名＋自転車120名）－（［a］100名＋［b］10名＋［c］40名－［d］5名）＝520名－145名＝375名…**正解は［D］**です。

（2）いずれの交通手段も使わない人が30名いた。無回答者がいない場合、このアンケートは全員で何名を対象に行われたのか？

［A］290名 ［B］380名 ［C］405名 ［D］520名 ［E］550名 ［F］600名

アンケートの回答者数は、いずれか1つの交通手段だけを使っている人と、いずれの交通手段も使わない人の合計数です。
（1）の答えと問題文より、375名＋30名＝405名となります。…**正解は［C］**です。

3．1学年1,000名に対して、大学を卒業した後の進路について調査をした。アンケートは複数回答できる形式で行った。その結果、「就職」が70％、「進学」が30％、「帰国」が20％、「未決定」が10％であった。

（1）「就職」も「帰国」も選ばなかった人は200名いた。「就職」と「帰国」の両方を選んだ人は何名か？

［A］50名 ［B］100名 ［C］120名 ［D］150名 ［E］180名 ［F］200名

問題文の割合（％）から人数を計算したうえで、「ベン図」を描いて情報を整理します。

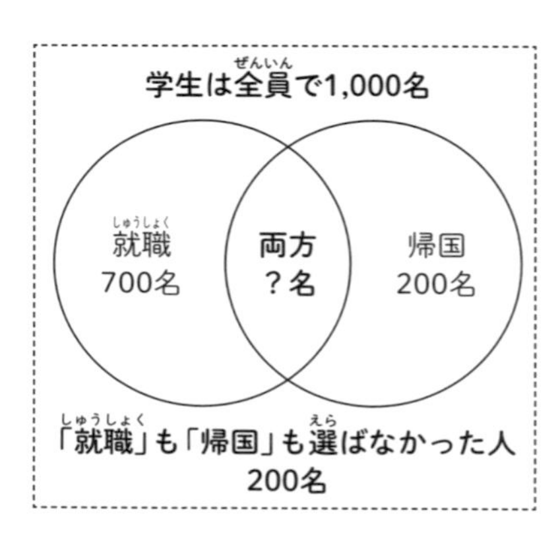

・就職1,000名に対して70％（0.7）のため、1,000名×0.7＝700名です。
・帰国1,000名に対して20％（0.2）のため、1,000名×0.2=200名です。

学生は全体で1,000名であり、就職も帰国も選ばなかった人は200名です。つまり、就職または帰国のみを選んだ人は、1,000名－200名＝800名いることになります。

就職を選んだ人と帰国を選んだ人の合計から、就職または帰国のみを選んだ人を除くと、両方を選んだ人の人数がわかります。

したがって、（700名＋200名）－800名＝900名－800名＝100名となります。…**正解は**［B］です。

（２）「未決定」を選んだ人で他の選択肢も選んだ人はいなかった。「就職」を選んだ人のうち180名は「進学」も選んだ。また、「就職」を選んだ人のうち100名は「帰国」も選んだ。さらに、「進学」を選んだ人のうち60名は「帰国」も選んだ。「就職」「帰国」「進学」すべてを選んだ人は何名か？

［A］10名　［B］20名　［C］30名　［D］40名　［E］50名　［F］60名

問題文の割合（％）から人数を計算したうえで、「ベン図」を描いて情報を整理します。

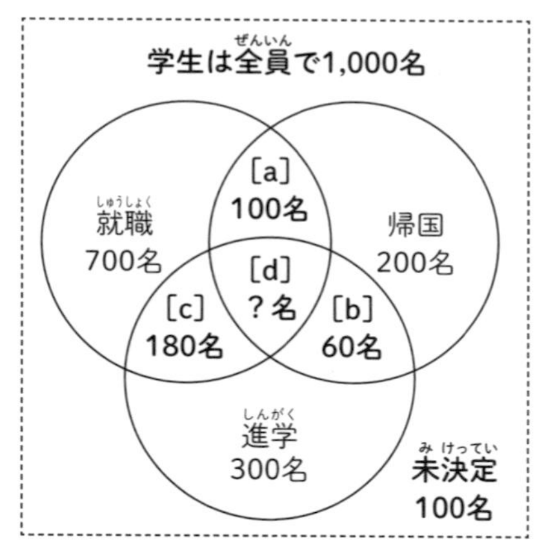

・就職：1,000名に対して70％(0.7)のため、1,000名×0.7＝700名
・進学：1,000名に対して30％(0.3)のため、1,000名×0.3＝300名
・帰国：1,000名に対して20％(0.2)のため、1,000名×0.2＝200名
・未決定：1,000名に対して10％(0.1)のため、1,000名×0.1＝100名

未決定を選んだ人は、他の選択肢を選んでいないことから、1,000名－100名＝900名が、就職・進学・帰国のいずれかを選ん

だことがわかります。

ベン図のとおり、就職・進学・帰国のすべてを選んだ人は、［d］の部分です。［d］は、就職・進学・帰国のいずれかを選んだ人から、１つのみまたは２つ選んだ人を除くことで求められます。

・就職と帰国を選んだ人：（１）の答えより、100名［a］
・就職と進学を選んだ人：問題文より、180名［c］
・進学と帰国を選んだ人：問題文より、60名［b］

（就職700名＋帰国200名＋進学300名）－（［a］100名＋［c］180名＋［b］60名）＝
1,200名－340名＝860名

［d］＝900名－860名＝40名…**正解は［D］**です。

7 組合せ（くみあわせ）

重要度：★★★★★

先生……。頭の中で考えることに限界を感じました。

私も頭の中だけで情報を整理することが難しくなることはあります。
だから、図を描いて整理することは大事です。

テストセンターで、図を描くこともあるのですか？

ありますよ。受検自体はパソコンなのですが、紙と筆記用具が配られますので、紙に図を描いて問題を解くことはあります。

そうなんですね。でも私、絵は得意ではないんですが……。

誰も見ていませんから。笑
自分で情報が整理できれば、きれいに描けなくてもいいですよ。

練習問題

1．4種類の異なる色のTシャツが2枚ずつある。

日本語レベル：★★

（1）2枚を選ぶ場合、何通りの選び方があるか？

［A］2通り ［B］4通り ［C］5通り ［D］6通り ［E］7通り ［F］8通り

（2）自分用に1枚と友人用に1枚選ぶ場合、何通りの選び方があるか？ なお、同じ色を選んでもよい。

［A］4通り ［B］6通り ［C］8通り ［D］10通り ［E］12通り ［F］16通り

（3） 3枚を選ぶ場合、何通りの選び方があるか？

［A］ 8通り ［B］ 16通り ［C］ 21通り ［D］ 24通り ［E］ 32通り ［F］ 48通り

練習問題解説

まず、組合せの**公式**を復習しましょう。

組合せ候補となるものの総数

$$ {}_{A}C_{B} = \frac{A \times (A-1) \times (A-2) \times (A-3) \times (A-4) \times \cdots}{B \times (B-1) \times (B-2) \times (B-3) \times (B-4) \times \cdots \times 1} $$

組合せ候補から選ぶ数

Bが1になるまで続く

1． 4種類の異なる色のTシャツが2枚ずつある。

（1） 2枚を選ぶ場合、何通りの選び方があるか？

［A］ 2通り ［B］ 4通り ［C］ 5通り ［D］ 6通り ［E］ 7通り ［F］ 8通り

4種類の異なる色のTシャツの総数は、4種類＝4です。この中から2枚を選ぶため、選ぶ数は2です。

$$ {}_{4}C_{2} = \frac{4 \times (4-1)}{2 \times (2-1)} = \frac{4 \times 3}{2 \times 1} = \frac{12}{2} = 6 $$ 通り…**正解は［D］**です。

（2） 自分用に1枚と友人用に1枚選ぶ場合、何通りの選び方があるか？ なお、同じ色を選んでもよい。

［A］ 4通り ［B］ 6通り ［C］ 8通り ［D］ 10通り ［E］ 12通り ［F］ 16通り

4種類の中から1枚を選び、再び4種類の中から1枚を選ぶことになります。

${}_{4}C_{1} \times {}_{4}C_{1} =$ 4通り × 4通り ＝16通り…**正解は［F］**です。

（3） 3枚を選ぶ場合、何通りの選び方があるか？

［A］ 8通り ［B］ 16通り ［C］ 21通り ［D］ 24通り ［E］ 32通り ［F］ 48通り

第2章 非言語問題への対策

まず、４種類の中から１枚を選び、その後、残りの４色×２枚－１枚＝７枚の中から２枚を選びます。

ただし、２回目と３回目が同じ色の場合、たとえば、赤→青→青のような場合は、どちらの青を先に選んでも、２通りではなく１通りになります。そこで、色の数で組合せを考える必要があります。

$4\times{}_4C_2=24$通り…**正解は［D］**です。

POINT

→ $_AC_B$ という公式を覚えよう！

→ 問題文に注意する。複数の組合せを考えるときに、「and／かつ」なのか「or／または」なのか注意する。

実践問題

１．100円玉を５回投げて、表が３回出たとき、表と裏の出方は何通りあるか？

日本語レベル：★★

［A］３通り［B］５通り［C］６通り［D］８通り［E］10通り［F］15通り

２．100円玉を５回投げて、表の出た回数が３回未満のとき、表と裏の出方は何通りあるか？

日本語レベル：★★

［A］３通り［B］５通り［C］６通り［D］８通り［E］10通り［F］15通り

３．月曜日の授業は、午前に10クラスあり、午後に20クラスある。

日本語レベル：★★

（１）午前に２クラス選び、午後に３クラス選ぶ場合、何通りの組合せがあるか？

［A］1,185通り　［B］1,200通り　［C］7,740通り

［D］8,100通り　［E］51,300通り

（2）午前に1クラスまたは2クラスを選んで、午前と午後で5クラスを選ぶ場合、何通りの組合せがあるか？

［A］5,020通り　［B］5,410通り　［C］5,860通り
［D］6,040通り　［E］6,520通り

4．男性3名と女性3名が、6人席の丸テーブルに着席する。

日本語レベル：★★

（1）座り方は何通りあるか？

［A］6通り　［B］120通り　［C］720通り　［D］7,776通り　［E］46,656通り

（2）男性と女性が必ず向かい合う座り方は何通りあるか？

［A］36通り　［B］72通り　［C］108通り　［D］225通り　［E］288通り

（3）丸テーブルに必ず男性と女性が向かい合い、かつ、男性幹事1人と女性幹事1人は必ず向き合わない座り方は何通りあるか？

［A］216通り　［B］232通り　［C］240通り　［D］252通り　［E］264通り

5．レストランのメニューに、「ピザ」と「スパゲティ」と「サラダ」がある。

日本語レベル：★★

（1）5品を注文する場合、メニューの組合せは何通りあるか？

［A］10通り　［B］21通り　［C］120通り　［D］1,024通り　［E］3,125通り

（2）ピザとサラダを1品ずつ注文したうえで、合計5品を注文する場合、メニューの組合せは何通りあるか？

［A］3通り　［B］6通り　［C］10通り　［D］12通り　［E］27通り

実践(じっせん)問題解説(かいせつ)

1．100円玉を5回投(な)げて、表(おもて)が3回出たとき、表(おもて)と裏(うら)の出方は何通りあるか？

［A］3通り　［B］5通り　［C］6通り　［D］8通り　**［E］10通り**　［F］15通り

100円玉を5回投(な)げたので、総数(そうすう)は5、表(おもて)が3回出たので、選(えら)ぶ数は3です。$_5C_3$の公式(こうしき)を使います。

・**分子**㊼：5×(5－1)×(5－2)＝5×4×3＝60
・**分母**㊽：3×(3－1)×(3－2)＝3×2×1＝6
　したがって、60/6＝10通りです。…**正解は**［E］です。

２．100円玉を５回投げて、表の出た回数が３回未満のとき、表と裏の出方は何通りあるか？

［A］３通り［B］５通り［C］６通り［D］８通り［E］10通り  ［F］15通り

　３回未満のときということは、表が１回だけのときと２回出たときの合計です。
表が１回出るときは、$_5C_1$の公式を使います。
5/1＝５通り
表が２回出るときは、$_5C_2$の公式を使います。
・分子：5×(5－1)＝5×4＝20
・分母：2×(2－1)＝2×1＝2　20/2＝10通り
　２つを足すと、５通り＋10通り＝15通りです。…**正解は**［F］です。

ワンポイントアドバイス

$_AC_B = {}_AC_{(A-B)}$が成り立つ。

［例］$_5C_3 = \frac{5\times4\times3}{3\times2\times1} = \frac{60}{6} = 10$　$_5C_2 = \frac{5\times4}{2\times1} = \frac{20}{2} = 10$

したがって、$_AC_{(A-B)}$を使うほうが計算量が少ないため、速く解ける。

３．月曜日の授業は、午前に10クラスあり、午後に20クラスある。
（１）午前に２クラス選び、午後に３クラス選ぶ場合、何通りの組合せがあるか？

［A］1,185通り　［B］1,200通り　［C］7,740通り
［D］8,100通り　［E］51,300通り

㊼**分子**…分数の上の数。割り算をするときの割られる数。
㊽**分母**…分数の下の数。割り算をするときの割る数。

午前に10クラス中2クラスを選ぶ組合せの数と、午後の20クラス中3クラスを選ぶ組合せの合計を求めます。

$$ {}_{10}C_2 + {}_{20}C_3 = \frac{10\times9}{2\times1} + \frac{20\times19\times18}{3\times2\times1} = \frac{90}{2} + \frac{6,840}{6} $$

＝45通り＋1,140通り＝1,185通りです。…**正解は［A］**です。

（2）午前に1クラスまたは2クラスを選んで、午前と午後で5クラスを選ぶ場合、何通りの組合せがあるか？

［A］5,020通り　［B］5,410通り　［C］5,860通り
［D］6,040通り　［E］6,520通り

午前に1クラスまたは2クラスを選ぶためは、それぞれの組合せの合計を求めます。

〈午前に1クラスを選ぶ場合〉

午後は5クラス－1クラス＝4クラスを選びます。

$$ {}_{10}C_1 + {}_{20}C_4 = 10 + \frac{20\times19\times18\times17}{4\times3\times2\times1} = 10 + \frac{(5\times19\times3\times17)}{1} $$

＝10通り＋4,845通り＝4,855通り

〈午前に２クラスを選ぶ場合〉

午後は５クラス－２クラス＝３クラスを選びます。

$_{10}C_2 + {}_{20}C_3$　→（１）の答えより、1,185通り

２つを足すと、4,855通り＋1,185通り＝6,040通りです。…**正解は［D］**です。

４．男性３名と女性３名が、６人席の丸テーブルに着席する。

（１）座り方は何通りあるか？

［A］６通り　［B］120通り　［C］720通り　［D］7,776通り　［E］46,656通り

６人が６席に自由に座ることができますが、１人が座るたびに選べる席は１つずつ少なくなります。

したがって、6×5×4×3×2×1＝720通りです。…**正解は［C］**です。

（２）男性と女性が必ず向かい合う座り方は何通りあるか？

［A］36通り　［B］72通り　［C］108通り　［D］225通り　［E］288通り

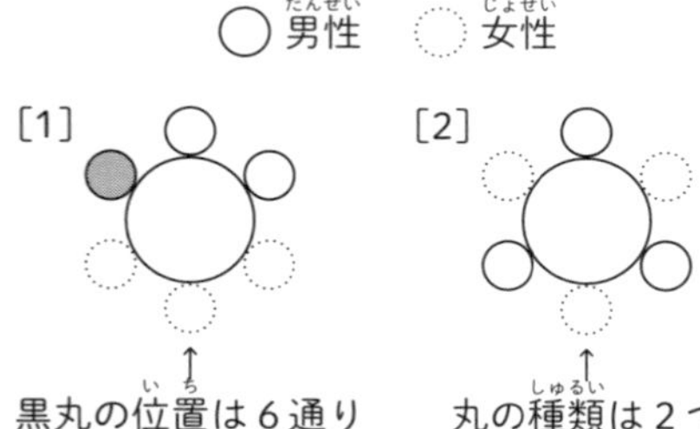

男性と女性が必ず向かい合う座り方は、右の図のとおり、[1] 男性と女性がそれぞれ３人ずつ隣り合う場合と、[2] 男性・女性が交互に座る場合があります。

[1] 男性３名の座り方と女性３名の座り方は、それぞれ3×2×1＝６通りであり、２つを掛け合わせると６通り×６通り＝36通りです。

また、最初に座る人の席（黒丸）の位置は６通りあるため、36通り×６通り＝216通りになります。

[2] 男性３名の座り方と女性３名の座り方は、それぞれ3×2×1＝６通りであり、２つを掛け合わせると６通り×６通り＝36通りです。

また、男性と女性か座る席が入れ替わる組合せがあるため、36通り×2＝72通りになります。

[1] と [2] を合計すると、216通り＋72通り＝288通りになります。…**正解は［E］**です。

（３）丸テーブルに必ず男性と女性が向かい合い、かつ、男性幹事１人と女性幹事１人は必ず向き合わない座り方は何通りあるか？

［A］216通り　［B］232通り　［C］240通り　［D］252通り　［E］264通り

男性と女性が必ず向き合う座り方から、男性幹事１人と女性幹事１人が向き合う座り方を引けば答えが出ます。

男性幹事１人と女性幹事１人が必ず向き合う座り方は、右の図のとおりです。

［1］
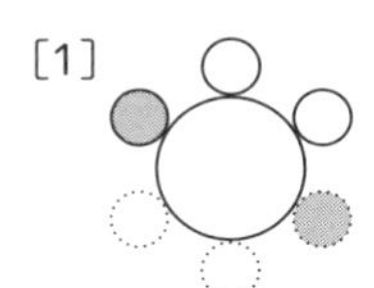

［2］
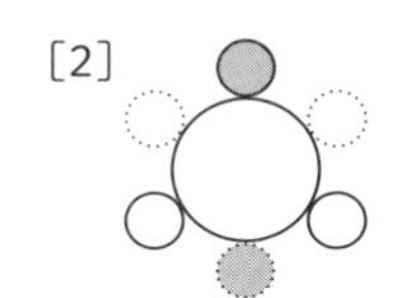

［1］男性幹事と女性幹事が向き合って座わるときの位置は６通りあります。幹事以外の人が座る組合せは、男性・女性それぞれ２通りあります。

したがって、６通り×２通り×２通り＝24通りになります。

［2］男性幹事と女性幹事が向き合って座わるときの位置は６通りあります。幹事以外の人が座る組合せは、男性・女性それぞれ２通りあります。

したがって、６通り×２通り×２通り＝24通りになります。

［1］と［2］を合計すると、24通り＋24通り＝48通りになります。男性と女性が必ず向かい合う座り方は、（２）の答えより、288通りのため、288通り－48通り＝240通りです。…**正解は**［C］です。

５．レストランのメニューに、「ピザ」と「スパゲティ」と「サラダ」がある。

（１）５品を注文する場合、メニューの組合せは何通りあるか？

［A］10通り［B］21通り［C］120通り［D］1,024通り［E］3,125通り

１種類のみを選ぶ場合は、ピザのみ、スパゲティのみ、サラダのみの３通りです。

２種類を選ぶ場合は、３種類の中から①１品＋４品または②２品＋３品になります。

［○ピザ　▲スパゲティ　□サラダ］

①（○▲▲▲▲）（○□□□□）（▲○○○○）（▲□□□□）（□○○○○）
（□▲▲▲▲）→３通り×2＝６通り

②（○○▲▲▲）（○○□□□）（▲▲○○○）（▲▲□□□）（□□○○○）（□□▲▲▲）→３通り×2＝６通り

①と②を合計すると、６通り＋６通り＝12通りです。

３種類を選ぶ場合は、３種類の中から③１品＋１品＋３品または④１品＋２品＋２品になります。

③（○▲□□□）（▲□○○○）（○□▲▲▲）→３通り

④（○▲▲□□）（▲○○□□）（□○○▲▲）→３通り

③と④を合計すると、３通り＋３通り＝６通りです。

したがって、１種類と２種類と３種類を合計して、３通り＋12通り＋６通り＝21通りになります。…**正解は**［B］です。

（２）ピザとサラダを１品ずつ注文したうえで、合計５品を注文する場合、メニューの組合せは何通りあるか？

［A］3通り［B］6通り［C］10通り［D］12通り［E］27通り

５品注文するうち、ピザとサラダは必ず注文するので、残りの３品について、ピザ、スパゲティ、サラダの選び方を考えます。

１種類のみを選ぶ場合は、ピザのみ、スパゲティのみ、サラダのみの３通りです。

２種類を選ぶ場合は、３種類の中から１品＋２品になります。

［○ピザ　▲スパゲティ　□サラダ］

（○▲▲）（○□□）（▲○○）（▲□□）（□○○）（□▲▲）→３通り×2＝６通り

３種類を選ぶ場合は、３種類の中から１品＋１品＋１品になります。

（○▲□）→１通り

したがって、１種類と２種類と３種類を合計して、３通り＋６通り＋１通り＝10通りになります。…**正解は**［C］です。

確率

重要度：★★★★★

組合せの公式、完全に忘れていました。……いや、習っていない気がします。

習っていない場合もあるのですかね？　でも、これはあくまで準備なので、今できなくても本番でできればいいんですよ！

そうですね、頑張ります。もう、疲れてきましたが……。

疲れますよね。SPIの対策は、1日で全部終わらせるのは無理です。計画的に勉強をする必要がありますね。

今日はまだ勉強ですか？

はい、この本は続きますよ。笑

練習問題

1．トランプ（♠スペード、♣クローバー、♥ハート、♦ダイヤ各13枚）がある。

日本語レベル：★★★

（1） 2回続けてスペードを引く確率はどれか？

［A］1/4　［B］1/16　［C］39/676　［D］1/17　［E］25/103

（2） 1回目に数字の10を引き、2回目に奇数㊾を引く確率はどれか？

［A］28/663 ［B］1/26 ［C］7/676 ［D］［A］～［C］のいずれでもない

練習問題解説

1．トランプ（♠スペード、♣クローバー、♥ハート、◆ダイヤ各13枚）がある。
（１）２回続けてスペードを引く確率はどれか？

［A］1/4　［B］1/16　［C］39/676　［D］1/17　［E］25/103

まずは、トランプが合計で52枚あることを理解しましょう（４種類のマーク×13枚＝合計52枚）。

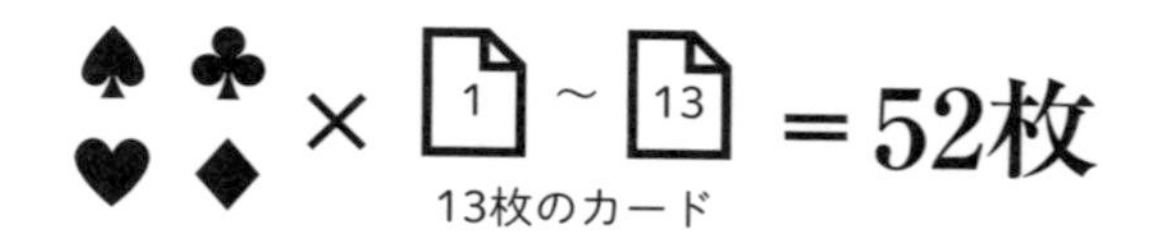

スペードは52枚のうち13枚ですから、スペードを引く確率は13/52です。約分㊿すると、1/4になります。

つまり、１回目にスペードを引く確率は1/4です。

次に、２回目です。２回目に残っているトランプの枚数に注意が必要です。１回目に１枚のトランプを引いているので、トランプは全部で51枚に減っています。

同じように、スペードも13枚から12枚に減っています。

つまり、２回目にスペードをもう一度引く可能性は、51枚のうち12枚ですから、12/51です。約分すると、4/17になります。

この問題の正解は、１回目にスペードを引く確率と、２回目にスペードを引く確率の掛け算です。

㊾**奇数**…１、３、５など、２で割ることができない数字。反対語は「偶数（２で割れる数字）」
㊿**約分**…分数の分母と分子を「公約数」で割って、より数の小さい分数にすること。約数とは、割る数字のことで、公約数とは、分母と分子に共通して割ることができる数字のこと。

したがって、1/4×4/17＝1×4/4×17＝4/68＝1/17…**正解は［D］**です。

（2） 1回目に数字の10を引き、2回目に奇数を引く確率はどれか？

［A］28/663 ［B］1/26 ［C］7/676 ［D］［A］～［C］のいずれでもない

数字の10は、スペード、クローバー、ハート、ダイヤに各1枚あります。1回目に10を引く確率は、52枚のうち4枚ですから、4/52、約分して1/13です。（1）と同様に、1回目に1枚のカードを引いているので、トランプは全部で51枚に減っています。1つのマークで奇数は7枚ありますので、7×4＝28枚です。10は偶数ですから、奇数は28枚のままです。つまり、2回目に奇数を引く確率は、28/51です。

この問題の正解は、1回目に数字の10を引く確率と、2回目に奇数を引く確率の掛け算です。

したがって、1/13×28/51＝1×28/13×51＝28/663…**正解は［A］**です。

POINT

- 全部でいくつあるか考える。
- Aの確率は、Aの数／全部の数
- Aではない確率は、1－Aの数／全部の数
- 掛け算になる“and”を表す日本語は「かつ」「続けて」「そのまま」など。
- 足し算になる“or”つまり「または」の場合に注意（異なる場合を足し合わせる）。

実践問題

1．サイコロを２回振って、和㉛が10未満㉜になる確率はどれか？

日本語レベル：★★

［A］1/4　［B］3/4　［C］1/3　［D］5/6

2．サイコロを２回振って、積㉝が偶数㉞になる確率はどれか？

日本語レベル：★★

［A］3/4　［B］1/2　［C］1/4　［D］8/9

3．AさんとBさんでサイコロを振り、大きい数字が出たほうが勝ちとした場合、Aさんが勝つ確率はどれか？

日本語レベル：★★

［A］1/2　［B］5/6　［C］5/9　［D］15/36

4．袋の中に赤３つ・青２つ・黄色１つのボールが入っている。３回ボールを取り出したときに、異なる色が出る確率はどれか？
なお、ボールは取り出した後、再び袋の中に戻すこととする。

日本語レベル：★★

［A］1/3　［B］1/6　［C］1/12　［D］1/36

5．袋の中に赤５つ・青４つ・黄色３つのボールが入っている。ボールを３つ同時に取り出したとき、すべて同じ色になる確率はどれか？

日本語レベル：★★

［A］3/44　［B］9/20　［C］1/20　［D］1/22

㉛**和**…足し算（＋）の結果を表す。足し算は「加法」ともいう。反対語は「引き算（－）」であり、「減法」ともいい、結果は「差」と表す。

㉜**未満**…ある数に達していないことを表す。たとえば、10未満を式で表すと、n＜10になり、10は含まれない。「以下」の場合は、n≦10となり、10を含む。

㉝**積**…掛け算（×）の結果を表す。掛け算は「乗法」ともいう。反対語は「割り算（÷）」であり、「除法」ともいい、結果は「商」と表す。

㉞**偶数**…２、４、６など、２で割ることができる数字。反対語は「奇数（２で割ることができない数字）」

実践問題解説

1．サイコロを2回振って、和が10未満になる確率はどれか？

［A］1/4　［B］3/4　［C］1/3　［D］5/6

サイコロを2回振って出る数字の組合せは、6通り×6通り＝36通りです。そのうち、2つの目の和が10**以上**55となるのは、下記の表の6つの場合です。

1回目	2回目	
4	6	10
5	5	10
5	6	11
6	4	10
6	5	11
6	6	12

すべての可能性から、この6つの場合を除くと、和が10未満になる可能性の数になります。

したがって、1－6/36＝1－1/6＝6/6－1/6＝6－1/6＝5/6…**正解は**［D］です。

2．サイコロを2回振って、積が偶数になる確率はどれか？

［A］3/4　［B］1/2　［C］1/4　［D］8/9

サイコロを2回振って出る数字の組合せは、6通り×6通り＝36通りです。そのうち、**積が偶数になる場合は、1回目も2回目も奇数の数が出た場合以外**です。

1回目も2回目も奇数が出る確率は、3/6×3/6＝9/36＝1/4です。偶数が出る確率は、1－1/4＝4/4－1/4＝3/4…**正解は**［A］です。

3．AさんとBさんでサイコロを振り、大きい数字が出たほうが勝ちとした場合、Aさんが勝つ確率はどれか？

［A］1/2　［B］5/6　［C］5/9　［D］15/36

55 **以上**…ある数を含む、それよりも大きい数を表す。「超」の場合は、ある数を含まず、それよりも大きい数を表す。

Ａさんがサイコロを振って出る数の確率と、Ｂさんがサイコロを振って出る数のパターンを調べます。勝ちになる場合の組合せと確率は、下記の表のとおりです。

Ｂさん→ / Ａさん↓

	6	5	4	3	2	1	勝率
6		勝ち	勝ち	勝ち	勝ち	勝ち	5/6
5			勝ち	勝ち	勝ち	勝ち	4/6
4				勝ち	勝ち	勝ち	3/6
3					勝ち	勝ち	2/6
2						勝ち	1/6
1							0

Ａさんが各数字を出す確率は、いずれも1/6

Ａさんが１～６の数字が出たときの勝率を**掛け合わせる**と、1/6×5/6＋1/6×4/6＋1/6×3/6＋1/6×2/6＋1/6×1/6＋1/6×0＝5/36＋4/36＋3/36＋2/36＋1/36＋0＝5＋4＋3＋2＋1/36＝15/36…**正解は**［Ｄ］です。

４．袋の中に赤３つ・青２つ・黄色１つのボールが入っている。３回ボールを取り出したときに、異なる色が出る確率はどれか？
なお、ボールは取り出した後、再び袋の中に戻すこととする。

［A］1/3　［B］1/6　［C］1/12　［D］1/36

この問題で注意しなければならない点は、「**ボールを取り出した後、再び袋の中に戻す**」ことです。つまり、常に**母数**56は同じです。母数は、赤３つ＋青２つ＋黄色１つで、合計６つです。

また、もう１つ注意しなければならないのは、順番です。組合せは６通りあります。整理すると、下記の表のとおりです。

1回目	2回目	3回目	式	確率
赤	青	黄色	3/6×2/6×1/6	1/36
赤	黄色	青	3/6×1/6×2/6	1/36
青	黄色	赤	2/6×1/6×3/6	1/36
青	赤	黄色	2/6×3/6×1/6	1/36
黄色	赤	青	1/6×3/6×2/6	1/36
黄色	青	赤	1/6×2/6×3/6	1/36

56**母数**…元となる数。たとえば、ある統計データの対象全体の数が母数である。

それぞれのパターンの確率を合計すると、1/36＋1/36＋1/36＋1/36＋1/36＋1/36＝6/36＝1/6…**正解は**［B］です。

5．袋の中に赤５つ・青４つ・黄色３つのボールが入っている。ボールを３つ同時に取り出したとき、すべて同じ色になる確率はどれか？

［A］3/44　［B］9/20　［C］1/20　［D］1/22

組合せの公式「$_AC_B$」使うことが有効です。

まず、すべての組合せを考えます。袋の中にあるボールは、赤５つ＋青４つ＋黄色３つで、合計12あります。つまり、$_{12}C_3$＝12×11×10/3×2×1＝1,320/6＝220通りです。

次に、赤・青・黄色、それぞれのボールが３つそろう場合を考えます。

・赤：$_5C_3$/$_{12}C_3$ → $_5C_3$＝5×4×3/3×2×1＝60/6＝10 → 10/220

・青：$_4C_3$/$_{12}C_3$ → $_4C_3$＝4×3×2/3×2×1＝24/6＝10 → 4/220

・黄：$_3C_3$/$_{12}C_3$ → $_3C_3$＝3×2×1/3×2×1＝6/6＝1 → 1/220

３つを合計すると、10/220＋4/220＋1/220＝15/220＝3/44…**正解は**［A］です。

※組合せの公式「$_AC_B$」（P.63参照）

［例］$_4C_3$であれば、４つの中から３つを選ぶことを意味します。

Ⓐ Ⓑ Ⓒ Ⓓ ― **この中から３つ選ぶ。**

	A	B	C	D
組合せ１	●	●	●	
組合せ２		●	●	●
組合せ３	●		●	●
組合せ４	●	●		●

４通り

9 推論

重要度：★★★★

「確率」自体はわかるのですが、やっぱり日本語が難しいです。

どんなところが、難しかったですか？

問題文を読んでも、掛け算をするのか足し算をするのか、わかりにくいのです。

そうですね。どの計算が必要になるのか、キーワードになる日本語の理解は欠かせませんね。間違えた問題は、なぜ間違えたのか、日本語の確認も含めて振り返るようにしてください。

はい！　SPI の勉強をしながら、日本語の勉強も頑張ります。

いい返事ですね！　でも、ここから、さらに難しくなるかもしれません。

え……嫌です。涙

練習問題

1．Aさん、Bさん、Cさん、Dさんの年齢について、次のことがわかっている場合、年齢が高い人から並べると、どの順番になるか？

・Aさんが最も低い。

・BさんはDさんよりも高い。

・CさんはAさんとDさんのあいだ。

日本語レベル：★★★

［A］C→B→A→D　　［B］B→C→D→A

［C］B→D→C→A　　［D］C→B→D→A

練習問題解説

1．Aさん、Bさん、Cさん、Dさんの年齢について、次のことがわかっている場合、年齢が高い人から並べると、どの順番になるか？

・Aさんが最も低い。

・BさんはDさんよりも高い。

・CさんはAさんとDさんのあいだ。

［A］C→B→A→D　　［B］B→C→D→A

［C］B→D→C→A　　［D］C→B→D→A

わかっていることを整理すると、下記の図のとおりです。

	1番高い	2番目	3番目	4番目
・Aさんが最も低い。→Aさんが4番目				A
・BさんはDさんよりも高い。→B＞D	B	D		
		B	D	
	B		D	
・CさんはAさんとDさんのあいだ。→Aさんが4番目のため、D＞C＞A 可能性は2パターン		D	C	A
	D	C		A
BさんはDさんよりも高いことから	B	D	C	A

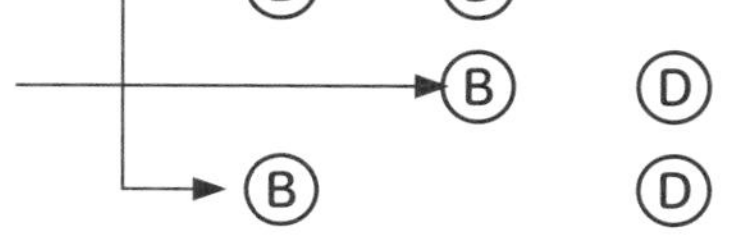

…正解は［C］です。

POINT

➜ 図を描いて、目で見てわかるように、情報を整理をする。

➜ 日本語に注意：「必ず正しい」＝100％正しいという意味。与えられた情報だけで判断ができない場合は、「どちらとも言えない」という回答もある。

➜ 条件と結果の関係を理解する「A＝x ならば、B＝y になる」という場合の、“A” と “x” は何か、“B” と “y” は何かを整理する。

実践問題

1．東京から大阪、北海道、福岡に旅行をする計画を立てている。各都市間の移動について調べると、次のことがわかった。

・東京から大阪に直接行くことができる。
・北海道から福岡に直接行くことはできない。
・大阪から福岡に直接行くことができる。
・福岡から東京に直接行くことはできない。

各都市間すべての移動についてがわかるために、最低限必要な情報はどれか？　選択肢［A］～［H］から選びなさい。

日本語レベル：★★★

（ア）北海道から大阪に直接行くことはできない。
（イ）福岡から大阪を経由して東京に行くことはできる。
（ウ）福岡から北海道に直接行くことはできない。
（エ）１つの都市から最低１つの都市には必ず直接行くことができる。

［選択肢］

［A］アのみ　［B］イのみ　［C］ウのみ　［D］エのみ
［E］アとイ　［F］ウとエ　［G］アとエ　［H］イとウ

2．サッカーの試合で、A国、B国、C国、D国で総当たり57戦を行い、上位58 2チームが決勝に進む。勝った場合の勝ち点は3、引き分けの場合の勝ち点は1、負けた場合の勝ち点は0とする。各国2試合が終わった時点の結果について、次の情報が報道された。

・A国はC国に勝った。

・A国とD国は引き分けた。

・D国はB国に負けた。

次のうち、各国2試合が終わった時点で正しいものはどれか？
選択肢［A］～［J］から選びなさい。

日本語レベル：★★★

（ア）A国の順位はC国より高い。

（イ）A国とB国は同じ順位である。

（ウ）B国の順位はD国より低い。

（エ）C国には決勝に進める可能性がない。

［選択肢］

［A］アのみ正しい　［B］イのみ正しい　［C］ウのみ正しい

［D］エのみ正しい　［E］アとウが正しい　［F］ウとエが正しい

［G］イとエが正しい　［H］アとイとエが正しい　［I］すべて正しい

［J］すべて正しくない

3．Aさん、Bさん、Cさんがマラソン大会に参加した。
ゴールした順番について、3人は次のように話している。

・Aさん：私が一番最初にゴールした。

・Bさん：私がゴールしたときに、まだAさんはゴールにいなかった。

・Cさん：私がゴールしたときに、Aさんはもうゴールにいた。

3人の話は、必ずしも信頼できるとは限らない。そこで、いくつかの場合を想定して推論がなされた。

日本語レベル：★★★★

57 総当(そうあ)たり…A国、B国、C国、D国が対戦(たいせん)する場合(ばあい)、それぞれ違(ちが)う国すべてと対戦(たいせん)すること。「総(そう)」＝“すべて”を意味する語。

58 上位(じょうい)…成績などが上の位置(いち)にあること。上位(じょうい)2チームとは、成績順に2番目までの意味。

（1）次の推論のうち、正しいものはどれか？　選択肢［A］〜［H］から選びなさい。

（ア）［Aさん］が正しければ、［Bさん］も必ず正しい。
（イ）［Bさん］が正しければ、［Cさん］も必ず正しい。
（ウ）［Cさん］が正しければ、［Aさん］も必ず正しい。

［選択肢］
［A］アのみ正しい　［B］イのみ正しい　［C］ウのみ正しい
［D］アとイが正しい　［E］イとウが正しい　［F］ウとアが正しい
［G］すべて正しい　［H］すべて正しくない

（2）次の推論のうち、正しいものはどれか？　選択肢［A］〜［H］から選びなさい。

（ア）［Aさん］が正しければ、［Cさん］も必ず正しい。
（イ）［Bさん］が正しければ、［Aさん］も必ず正しい。
（ウ）［Cさん］が正しければ、［Bさん］も必ず正しい。

［選択肢］
［A］アのみ正しい　［B］イのみ正しい　［C］ウのみ正しい
［D］アとイが正しい　［E］イとウが正しい　［F］ウとアが正しい
［G］すべて正しい　［H］すべて正しくない

4．佐藤さん、鈴木さん、高橋さん、田中さんが、100点満点のテストを受けた。テストの結果、佐藤さんと高橋さんは、同じ点数だった。高橋さんと田中さんの平均59点は、佐藤さんと鈴木さんの平均点より10点高かった。

日本語レベル：★★★★

（1）次のうち、正しいものはどれか？　選択肢［A］〜［H］から選びなさい。

（ア）鈴木さんと高橋さんの点数は同じ。
（イ）鈴木さんと田中さんの点数の差は10点である。

［選択肢］
［A］アは正しいが、イは間違っている
［B］アは正しいが、イはどちらとも言えない
［C］アはどちらとも言えないが、イは正しい

59 平均（へいきん）…複数の数値（すうち）がある中で、中間的な値（あたい）のこと。

［D］アはどちらとも言えないが、イは間違っている
［E］アは間違っているが、イは正しい
［F］アは間違っているが、イはどちらとも言えない
［G］アもイもどちらとも言えない
［H］アもイも間違っている

（2）次のうち、正しいものはどれか？　選択肢［A］～［H］から選びなさい。
（ア）高橋さんと田中さんの点数の差は20点である。
（イ）鈴木さんと高橋さんの平均点は、佐藤さんの点数と同じ。

［選択肢］
［A］アは正しいが、イは間違っている
［B］アは正しいが、イはどちらとも言えない
［C］アはどちらとも言えないが、イは正しい
［D］アはどちらとも言えないが、イは間違っている
［E］アは間違っているが、イは正しい
［F］アは間違っているが、イはどちらとも言えない
［G］アもイもどちらとも言えない
［H］アもイも間違っている

実践問題解説

1．東京から大阪、北海道、福岡に旅行をする計画を立てている。各都市間の移動について調べると、次のことがわかった。
・東京から大阪に直接行くことができる。
・北海道から福岡に直接行くことはできない。
・大阪から福岡に直接行くことができる。
・福岡から東京に直接行くことはできない。
各都市間すべての移動についてがわかるために、最低限必要な情報はどれか？　選択肢［A］～［H］から選びなさい。
（ア）北海道から大阪に直接行くことはできない。
（イ）福岡から大阪を経由して東京に行くことはできる。
（ウ）福岡から北海道に直接行くことはできない。
（エ）1つの都市から最低1つの都市には必ず直接行くことができる。

［選択肢］

［A］アのみ　［B］イのみ　［C］ウのみ　［D］エのみ

［E］アとイ　［F］ウとエ　［G］アとエ　［H］イとウ

問題文を、下記のように図で表すことが有効です。

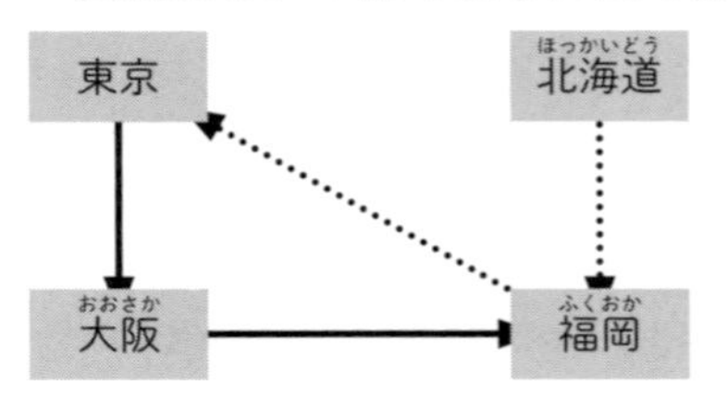

――― 直接行ける

……… 直接行けない

図にしてみると、東京と北海道、北海道と大阪の移動がわかっていません。

（ア）は、北海道と大阪の移動の情報で、わかっていなかったことです。

（イ）は、福岡と大阪と東京の移動の情報で、わかっていたことです。

（ウ）は、福岡と北海道の移動の情報で、わかっていたことです。

（エ）より、北海道もどこかの都市には直接行けることがわかります。（ア）より、北海道から大阪にも直接行けないことがわかったので、北海道は東京には直接行けることがわかりました。

したがって、最低限（ア）と（エ）の情報があると、各都市間すべての移動についてがわかります。…**正解は［G］**です。

2．サッカーの試合で、A国、B国、C国、D国で総当たり戦を行い、上位２チームが決勝に進む。勝った場合の勝ち点は３、引き分けの場合の勝ち点は１、負けた場合の勝ち点は０とする。各国２試合が終わった時点の結果について、次の情報が報道された。

・A国はC国に勝った。

・A国とD国は引き分けた。

・D国はB国に負けた。

次のうち、各国２試合が終わった時点で正しいものはどれか？

選択肢［A］～［J］から選びなさい。

（ア）A国の順位はC国より高い。

（イ）A国とB国は同じ順位である。

（ウ）B国の順位はD国より低い。

（エ）C国には決勝に進める可能性がない。

［選択肢］

［A］アのみ正しい　［B］イのみ正しい　［C］ウのみ正しい
［D］エのみ正しい　［E］アとウが正しい　［F］ウとエが正しい
［G］イとエが正しい　［H］アとイとエが正しい　［I］すべて正しい
［J］すべて正しくない

問題文の情報を対戦結果で整理すると、下記の表のとおりです。

結果	A国	B国	C国	D国
A国	―		A国勝ち	引き分け
B国		―		B国勝ち
C国	C国負け		―	
D国	引き分け	D国負け		

点	勝ち	負け	引き分け	勝ち点
A国	3×1		1×1	4
B国	3×1			3
C国		0×1		0
D国		0×1	1×1	1

報道された情報だけでは、B国とC国の結果がわかりません。最終的に、B国とC国の試合結果によって、2試合終了時点での順位が決まります。それぞれの場合について考えます。

・B国がC国に勝った場合

点	勝ち	負け	引き分け	勝ち点
A国	3×1		1×1	4
B国	3×2			6
C国		0×2		0
D国		0×1	1×1	1

・B国がC国に負けた場合

点	勝ち	負け	引き分け	勝ち点
A国	3×1		1×1	4
B国	3×1	0×1		3
C国	3×1	0×1		3
D国		0×1	1×1	1

・B国とC国が引き分けた場合

点	勝ち	負け	引き分け	勝ち点
A国	3×1		1×1	4
B国	3×1		1×1	4
C国		0×1	1×1	1
D国		0×1	1×1	1

B国とC国の試合結果の可能性より、次のことがわかります。
（ア）は、A国の勝ち点が4に対し、C国は0・3・1のいずれかであり、必ず当てはまります。

（イ）は、A国の勝ち点が4に対し、B国は6・3・4のいずれかであり、必ず当てはまるとは言えません。

（ウ）は、B国の勝ち点が6・3・4のいずれかに対し、D国は1であり、必ず当てはまりません。

（エ）は、B国がC国に負けた場合、C国の勝ち点は3でB国とともに上位2チームの中に入るため、必ず当てはまるとは言えません。さらに、次の第3試合でC国がD国に勝ったとして、A国とB国の試合結果それぞれの場合について考えます。

・A国がB国に勝った場合

点	勝ち	負け	引き分け	勝ち点
A国	3×2		1×1	7
B国	3×1	0×2		3
C国	3×2	0×1		6
D国		0×2	1×1	1

・A国がB国に負けた場合

点	勝ち	負け	引き分け	勝ち点
A国	3×1	0×1	1×1	4
B国	3×2	0×1		6
C国	3×2	0×1		6
D国		0×2	1×1	1

・A国とB国が引き分けた場合

点	勝ち	負け	引き分け	勝ち点
A国	3×1		1×2	5
B国	3×1	0×1	1×1	4
C国	3×2	0×1		6
D国		0×2	1×1	1

つまり、C国には上位2位までに入れる可能性があり、決勝に進める可能性があることがわかります。

したがって、正しいのは（ア）のみです。…**正解は［A］**です。

3．Aさん、Bさん、Cさんがマラソン大会に参加した。
ゴールした順番について、3人は次のように話している。
・Aさん：私が一番最初にゴールした。
・Bさん：私がゴールしたときに、まだAさんはゴールにいなかった。
・Cさん：私がゴールしたときに、Aさんはもうゴールにいた。
3人の話は、必ずしも信頼できるとは限らない。そこで、いくつかの場合を想定して推論がなされた。

（1）次の推論のうち、正しいものはどれか？　選択肢［A］～［H］から選びなさい。

（ア）［Aさん］が正しければ、［Bさん］も必ず正しい。
（イ）［Bさん］が正しければ、［Cさん］も必ず正しい。
（ウ）［Cさん］が正しければ、［Aさん］も必ず正しい。

［選択肢］

［A］アのみ正しい　［B］イのみ正しい　［C］ウのみ正しい
［D］アとイが正しい　［E］イとウが正しい　［F］ウとアが正しい
［G］すべて正しい　［H］すべて正しくない

3人の順番について問題文の情報を整理すると、下記の表のとおりです。

話	1番	2番	3番	可能性
Aさん	A			①
Bさん	B	A	A	②
		B	A	③
Cさん	A	C		④
	A	A	C	⑤

それぞれの推論について、正しいか確かめます。

（ア）［Aさん］が正しければ、［Bさん］も必ず正しい。
→①と②または③の組み合わせから、正しくないことがわかります。

（イ）［Bさん］が正しければ、［Cさん］も必ず正しい。
→②と④、③と④または⑤の可能性の組合せから、必ずしも正しくないことがわかります。

（ウ）［Cさん］が正しければ、［Aさん］も必ず正しい。
→⑤と①から、必ずしも正しくないことがわかります。…**正解は［H］です。**

（2）次の推論のうち、正しいものはどれか？　選択肢［A］～［H］から選びなさい。

（ア）［Aさん］が正しければ、［Cさん］も必ず正しい。
（イ）［Bさん］が正しければ、［Aさん］も必ず正しい。
（ウ）［Cさん］が正しければ、［Bさん］も必ず正しい。

［選択肢］

［A］アのみ正しい　［B］イのみ正しい　［C］ウのみ正しい
［D］アとイが正しい　［E］イとウが正しい　［F］ウとアが正しい
［G］すべて正しい　［H］すべて正しくない

それぞれの推論について、正しいか確かめます。

（ア）［Aさん］が正しければ、［Cさん］も必ず正しい。

→①と④から、正しいことがわかります。

（オ）［Bさん］が正しければ、［Aさん］も必ず正しい。

→②と①、③と①から、正しくないことがわかります。

（カ）［Cさん］が正しければ、［Bさん］も必ず正しい。

→④と②または③、⑤と③から、必ずしも正しくないことがわかります。…**正解は［A］**です。

4．佐藤さん、鈴木さん、高橋さん、田中さんが、100点満点のテストを受けた。テストの結果、佐藤さんと高橋さんは、同じ点数だった。高橋さんと田中さんの平均点は、佐藤さんと鈴木さんの平均点より10点高かった。

（１）次のうち、正しいものはどれか？　選択肢［A］～［H］から選びなさい。

（ア）鈴木さんと高橋さんの点数は同じ。

（イ）鈴木さんと田中さんの点数の差は10点である。

［選択肢］

［A］アは正しいが、イは間違っている

［B］アは正しいが、イはどちらとも言えない

［C］アはどちらとも言えないが、イは正しい

［D］アはどちらとも言えないが、イは間違っている

［E］アは間違っているが、イは正しい

［F］アは間違っているが、イはどちらとも言えない

［G］アもイもどちらとも言えない

［H］アもイも間違っている

佐藤さん［a］、鈴木さん［b］、高橋さん［c］、田中さん［d］として、問題文の情報を整理すると、下記のとおりです。

「佐藤さんと高橋さんは、同じ点数だった」→［a］＝［c］…①

「高橋さんと田中さんの平均点は、佐藤さんと鈴木さんの平均点より10点高かった」→（［c］＋［d］）÷2＝（［a］＋［b］）÷2＋10 → 両辺に2を掛けると［c］＋［d］＝［a］＋［b］＋20 → ①より、［c］＋［d］＝［c］＋［b］＋20 → ［d］＝［b］＋20 …②

したがって、［d］田中さんと［b］鈴木さんの点数の差は20点であることがわかります。

なお、[b] 鈴木(すずき)さん＝ [c] 高橋(たかはし)さんであるかは、①②からはわかりません。正しい場合(ばあい)もあれば、正しくない場合(ばあい)もあります。…**正解(せいかい)は [D]** です。

(2) 次のうち、正しいものはどれか？　選択肢(せんたくし) [A] ～ [H] から選(えら)びなさい。

(ア) 高橋(たかはし)さんと田中さんの点数の差(さ)は20点である。

(イ) 鈴木(すずき)さんと高橋(たかはし)さんの平均点(へいきんてん)は、佐藤(さとう)さんの点数と同じ。

[選択肢(せんたくし)]

[A] アは正しいが、イは間違(ちが)っている

[B] アは正しいが、イはどちらとも言えない

[C] アはどちらとも言えないが、イは正しい

[D] アはどちらとも言えないが、イは間違(ちが)っている

[E] アは間違(ちが)っているが、イは正しい

[F] アは間違(ちが)っているが、イはどちらとも言えない

[G] アもイもどちらとも言えない

[H] アもイも間違(ちが)っている

佐藤(さとう)さん [a]、鈴木(すずき)さん [b]、高橋(たかはし)さん [c]、田中さん [d] として、問題文の情報(じょうほう)を整理(せいり)すると、下記のとおりです。

「佐藤(さとう)さんと高橋(たかはし)さんは、同じ点数だった」→[a]＝[c]…①

「高橋(たかはし)さんと田中さんの平均点(へいきんてん)は、佐藤(さとう)さんと鈴木(すずき)さんの平均点(へいきんてん)より10点高かった」→ ([c]＋[d])÷2＝([a]＋[b])÷2＋10 → 両辺(りょうへん)に2を掛(か)けると[c]＋[d]＝[a]＋[b]＋20 → ①より、[c]＋[d]＝[c]＋[b]＋20 → [d]＝[b]＋20 …②

したがって、[c] 高橋(たかはし)さんと [d] 田中さんの点数の差(さ)は20点であるかは、①②からはわかりません。正しい場合(ばあい)もあれば、正しくない場合(ばあい)もあります。また、[b] 鈴木(すずき)さんと [c] 高橋(たかはし)さんの平均点(へいきんてん)は、[a] 佐藤(さとう)さんの点数と同じかも、①②からはわかりません。正しい場合(ばあい)もあれば、正しくない場合(ばあい)もあります。…**正解(せいかい)は [G]** です。

10 資料の読み取り

疲れました。「推論」って、日本語のテストですか？

いいえ、論理的に考える力を診断する試験です。でも、留学生にとっては、日本語のテストのように感じるかもしれませんね。

はい。どの表現が、どの意味になるのか、解き方の例でもないと全然わかりません。

そうです、そうです。何度も問題を解いて、解き方のパターンを理解することが、正答率とスピードを上げるために欠かせません。

問題が難しすぎます。情報が多くて、全然時間が足りないです。

SPIは、時間の余裕がないところも特徴ですからね。いかに効率よく解けるかが診断されます。そのため、先に設問を見て、問題文のどこが重要かを判断することも、速く解くための工夫になります。

練習問題

1．次の資料を読み取り、一致するものを選びなさい。

日本語レベル：★★★

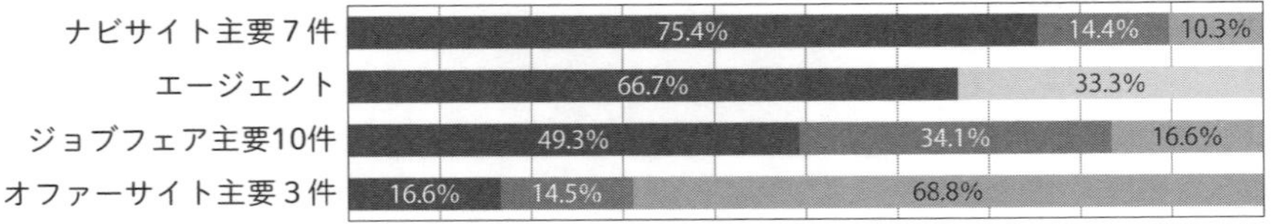

■少なくても1つ利用している　■どれも利用せず、だけど少なくても1つ知っている　■どれも知らなかった　■利用せず

（出典）一般社団法人日本国際化推進協会「留学生の就職活動に関する調査　2019年」

（ア）最も活用されているサービスはナビサイトである。

（イ）５人に３人がエージェント60を利用している。

（ウ）80％以上の学生がジョブフェア61を１つ以上知っている。

（エ）過半数62が何らかのオファーサイト63を知っている。

［A］アだけ　［B］イだけ　［C］ウだけ　［D］エだけ　［E］アとイ

［F］アとウ　［G］アとエ　［H］イとウ　［I］イとエ　［J］ウとエ

練習問題解説

1．次の資料を読み取り、一致するものを選びなさい。

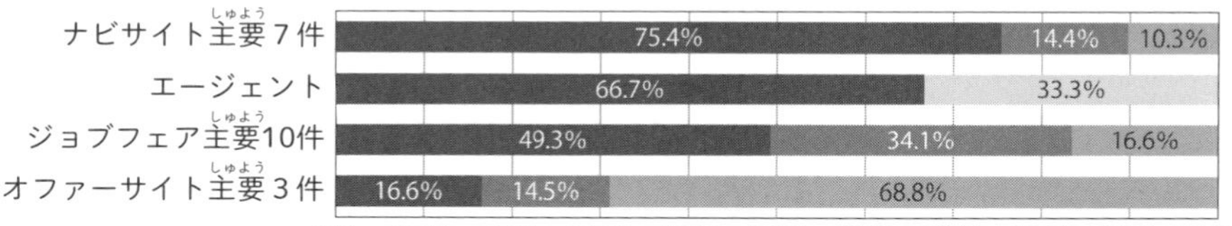

■少なくても１つ利用している　■どれも利用せず、だけど少なくても１つ知っている　■どれも知らなかった　■利用せず

（出典）一般社団法人日本国際化推進協会「留学生の就職活動に関する調査　2019年」

（ア）最も活用されているサービスはナビサイトである。

（イ）５人に３人がエージェントを利用している。

（ウ）80％以上の学生がジョブフェアを１つ以上知っている。

（エ）過半数が何らかのオファーサイトを知っている。

［A］アだけ　［B］イだけ　［C］ウだけ　［D］エだけ　［E］アとイ

［F］アとウ　［G］アとエ　［H］イとウ　［I］イとエ　［J］ウとエ

（ア）グラフより、「少なくても１つ利用している」の割合が多いのは「ナビサイト主要７件」であり、正しいです。

（イ）グラフより、「エージェント」の「少なくても１つ利用している」は66.7％です。５人に３人とは、３人÷５人＝0.6＝60％です。60％＜

60 エージェント…就職エージェントのこと。就職したい人と採用したい企業とを結びつける役割をする人や企業。

61 ジョブフェア…多数の企業が同じ会場に集まって、合同で採用イベントを行う機会。

62 過半数…半分の数を含まず、それより多い数。

63 オファーサイト…スカウト専門の就職サイトのこと。登録すると、企業から面接や採用に関する連絡が届く。

66.7%であり、間違いです。

（ウ）１つ以上知っている割合は、「少なくても１つ利用している」「どれも利用せず、だけど少なくても１つ知っている」の合計です。グラフより、「ジョブフェア主要10件」の２つの割合の合計は、49.3％＋34.1％＝83.4%です。83.4%＞80%であり、正しいです。

（エ）過半数とは50%を超えることです。グラフより、「オファーサイト主要３件」の「どれも知らなかった」は68.8%です。68.8%＞50%であり、知らなかった人が過半数のため、間違いです。

したがって、一致するものはアとウです。…**正解は［F］**です。

POINT

➜ 図表やグラフなど、留学生にとっては情報量が多く、難しい言葉も出てくるかもしれないが、名詞の意味がわからなくても問題を解く方法もある。

➜ 図表やグラフの中の数字を使って計算をする必要がある。メモ用紙を使って素早く計算しよう。

➜「より」「以上」などの「比較」を表す言葉に注意しよう。

実践問題

1．次の資料を見て問題に答えなさい。

日本語レベル：★★★

表１　留学生からの就職目的の処分数等の推移

（単位：人）

	平成19年	平成20年	平成21年	平成22年	平成23年	平成24年	平成25年	平成26年	平成27年	平成28年	平成29年	平成30年
処分数	11,410	11,789	10,230	8,467	9,143	11,698	12,793	14,170	17,088	21,898	27,926	30,924
許可数	10,262	11,040	9,584	7,831	8,586	10,969	11,647	12,958	15,657	19,435	22,419	25,942
不許可数	1,148	749	646	636	557	729	1,146	1,212	1,431	2,463	5,507	4,982
許可率	89.9%	93.6%	93.7%	92.5%	93.9%	93.8%	91.0%	91.4%	91.6%	88.8%	80.3%	83.9%

表2　職務内容別の許可人数（主要なもの）

（単位：人）

職務内容	許可人数	（構成比）	職務内容	許可人数	（構成比）
翻訳・通訳	9,884	23.6%	教育	1,357	3.2%
販売・営業	5,615	13.4%	会計業務	1,249	3.0%
海外業務	3,753	9.0%	調査研究	619	1.5%
技術開発（情報処理分野）	2,717	6.5%	経営・管理業務	570	1.4%
貿易業務	1,865	4.5%	医療	248	0.6%
設計	1,805	4.3%	国際金融	118	0.3%
技術開発（情報処理分野以外）	1,790	4.3%	その他	8,821	21.1%
広報・宣伝	1,463	3.5%	合計	41,874	100.0%

（出典）出入国在留管理庁「平成64 30年における留学生の日本企業等への就職状況について」
令和元年10月　http://www.moj.go.jp/content/001307810.pdf

（1）平成30年の留学生からの就職目的の許可率は、平成20年の許可率の何倍か？必要な場合は、小数点第3位65を四捨五入66すること。

［A］0.90倍　［B］0.92倍　［C］0.94倍　［D］0.96倍　［E］0.98倍

（2）平成30年の留学生への就職目的の許可について、職務内容別の許可人数比率と同じ比率だった場合、「販売・営業」の人数は何人いることになるか？　必要な場合は、小数点以下を四捨五入すること。

［A］3,004名　［B］3,647名　［C］3,476名　［D］4,144名　［E］6,122名

2．2018年の日本の総人口は127,000,000人である。次の設問に答えなさい。

日本語レベル：★★★

図3　年齢区分別人口の割合の推移（1950年～2018年）

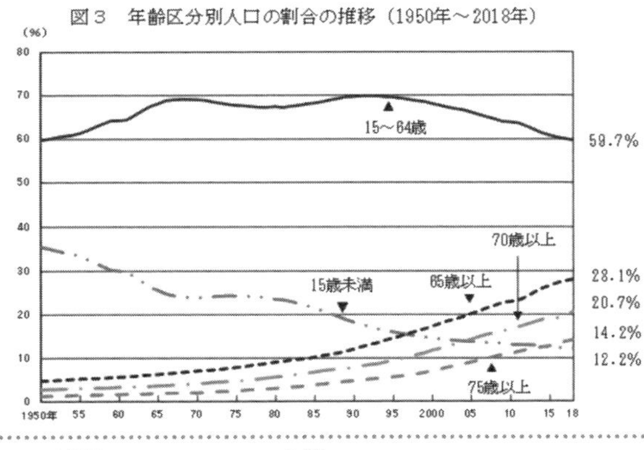

（出典）総務省統計局「人口推計（2018年（平成30年）10月1日現在）結果の要約」
http://www.stat.go.jp/data/jinsui/2018np/index.html

64 **平成**…日本の年号（和暦）の一つ。1989年1月8日～2019年4月30日が平成である。なお、1926年12月25日～1989年1月7日は「昭和」、2019年5月1日より「令和」となった。

65 **小数点第3位**…「0.00n」のnを指す。「.」の右の位を意味し、小数点第1位は0.1、小数点第2位は0.01の位を指す。

66 **四捨五入**…半端な数字を処理する方法の一つ。5未満であれば0とし、5以上であれば切り上げる（＝左の位の数字に1を足す）。

（1）2018年の15〜64歳の人口は何人か？

［A］7,294.3千人　［B］7,581.9千人　［C］7,913.5千人
［D］8,104.7千人　［E］8,478.6千人

（2）2018年の65歳以上75歳未満の人口は何人か？

［A］17,149,000人　［B］17,381,000人　［C］17,653,000人
［D］17,902,000人　［E］18,236,000人

（3）2018年、仮に15歳以上75歳未満の人が他の年齢層の人も支える場合、1人あたり何人を支えることになるか？

［A］0.36人　［B］0.38人　［C］0.40人　［D］0.42人　［E］0.44人

3．A店の1日の買い物客の購入金額と支払い方法を示した表を参考に、設問に答えなさい。

日本語レベル：★★★★

	1,000円以下	1,001-3,000円	3,001-5,000円	5,001円以上	平均利用金額（円／回）
現金	4	5	5	3	2,853
決済アプリ	10	6	2	1	1,605
クレジットカード	3	4	6	8	3,690

- 「現金」「決済アプリ」「クレジットカード」の支払い方法について、購入金額がいくらのときに使用されたか（回数）と、それぞれの平均利用金額（円／回）がまとめられている。
- 平均利用金額は、各決済方法の購入金額の合計を利用人数で割って算出している。
- 決済アプリは3％、クレジットカードは5％の手数料がA店にかかる。

（1）1,000円以下の支払いで、決済アプリを利用する割合はどれか？

［A］57%　［B］59%　［C］61%　［D］63%　［E］65%

（2）A店の1日の売上金額として一番近いものはどれか？

［A］156,500円　［B］158,000円　［C］159,500円
［D］160,500円　［E］165,500円

（3）クレジットカードの決済方法について、売上から手数料を除いた収入金額として一番近いものはどれか？

［A］72,625円　［B］72,825円　［C］73,265円
［D］73,625円　［E］73,655円

4．資料を見て次の問題に答えなさい。

日本語レベル：★★★★

表1　都道府県別人口構成比（平成31年人口）

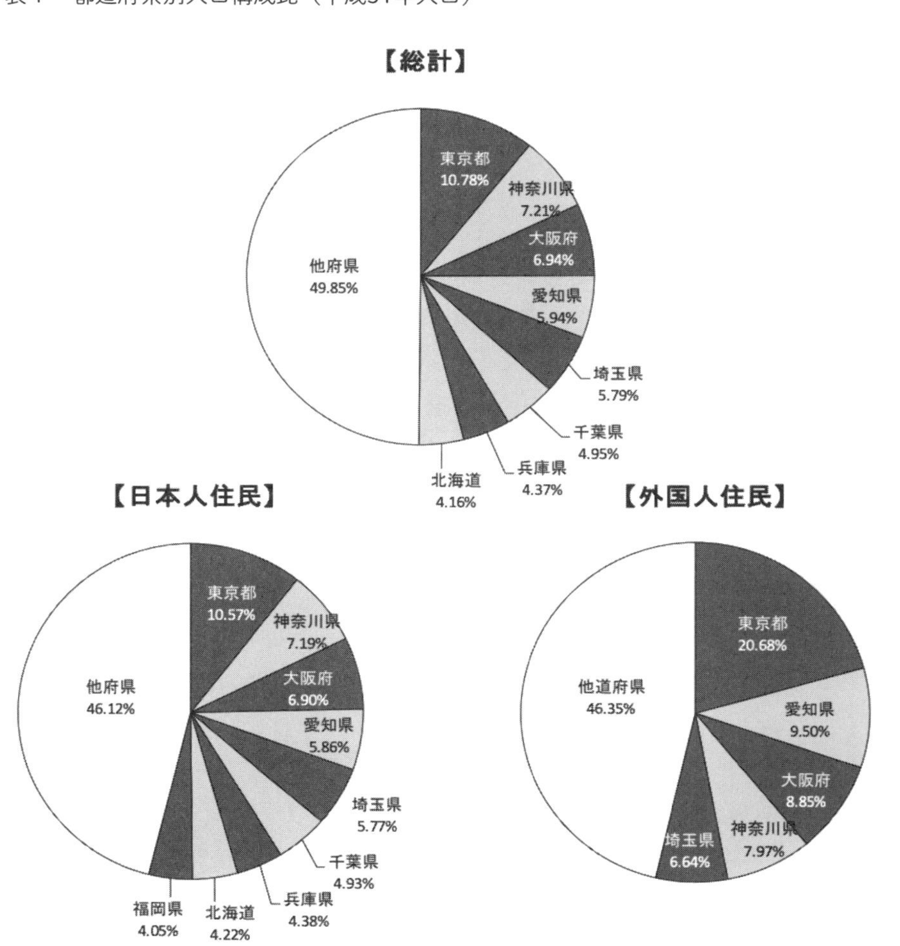

注）図中の割合は、四捨五入による数値のため、各割合の合計が必ずしも100%にならない場合がある。

表２　人口の多い都道府県、少ない都道府県【総計】（平成31年人口）

人口の多い都道府県

順 位	都道府県名	人口（人）
1	東京都	13,740,732
2	神奈川県	9,189,521
3	大阪府	8,848,998
4	愛知県	7,565,309
5	埼玉県	7,377,288
6	千葉県	6,311,190
7	兵庫県	5,570,618
8	北海道	5,304,413
9	福岡県	5,131,305
10	静岡県	3,726,537

人口の少ない都道府県

順 位	都道府県名	人口（人）
1	鳥取県	566,052
2	島根県	686,126
3	高知県	717,480
4	徳島県	750,519
5	福井県	786,503
6	佐賀県	828,781
7	山梨県	832,769
8	和歌山県	964,598
9	香川県	987,336
10	秋田県	1,000,223

表３　総計に占める外国人住民の割合の大きい都道府県、小さい都道府県（平成31年人口）

割合の大きい都道府県

順 位	都道府県名	割合（%）
1	東京都	4.01%
2	愛知県	3.35%
3	群馬県	2.86%
4	三重県	2.78%
5	大阪府	2.67%
6	岐阜県	2.62%
7	千葉県	2.43%
8	埼玉県	2.401%
9	静岡県	2.397%
10	京都府	2.35%

割合の小さい都道府県

順 位	都道府県名	割合（%）
1	秋田県	0.39%
2	青森県	0.44%
3	岩手県	0.57%
4	宮崎県	0.59%
5	高知県	0.62%
6	鹿児島県	0.63%
7	山形県	0.66%
8	和歌山県	0.678%
9	北海道	0.680%
10	福島県	0.74%

（出典）総務省「住民基本台帳に基づく人口、**人口動態**㊼及び世帯数」（平成31年１月１日現在）
https://www.soumu.go.jp/main_content/000633278.pdf

（１）資料を読み取り、一致するものを選びなさい。

（ア）人口が多い都道府県と外国人住民の割合が大きい都道府県の上位３位は同じである。

（イ）外国人が多い地域は、都道府県上位５位までで半数を超える。

（ウ）福岡県における外国人住民比率は、２％より低い。

（エ）外国人が最も多い都道府県と最も少ない都道府県では、55万人以上の差がある。

［A］アだけ　［B］イだけ　［C］ウだけ　［D］エだけ　［E］アとイ
［F］アとウ　［G］アとエ　［H］イとウ　［I］イとエ　［J］ウとエ

（２）資料を読み取り、一致するものを選びなさい。

（ア）愛知県の外国人住民比率は、秋田県の外国人住民比率の10倍より大きい。

㊼**人口動態**（じんこうどうたい）…ある一定期間（きかん）内での人口の変化（へんか）をまとめたもの。

（イ）人口100万人未満の都道府県はない。

（ウ）静岡県の外国人住民数は、和歌山県の外国人住民数の10倍以上である。

（エ）日本の総人口は、127,000,000以上である。

［A］アだけ　［B］イだけ　［C］ウだけ　［D］エだけ　［E］アとイ
［F］アとウ　［G］アとエ　［H］イとウ　［I］イとエ　［J］ウとエ

5．資料を見て次の問題に答えなさい。

日本語レベル：★★★★

	企業数		従業者数	
	社数	割合	人数	割合
大企業	約1.1万社	0.3%	約1,459万人	31.2%
中規模企業	約53.0万社	X	約2,176万人	Z
小規模企業	約304.8万社	Y	約1,044万人	22.3%

（出典）『2019年中小企業白書』中小企業庁より作成
https://www.chusho.meti.go.jp/pamflet/hakusyo/2019/PDF/chusho/00Hakusyo_zentai.pdf

（1）資料を読み取り、一致するものを選びなさい。

（ア）Xは14.8%、Yは84.9%である。

（イ）Zは56.5%である。

（ウ）従業者数は合計4,700万人以上である。

［A］アだけ　［B］イだけ　［C］ウだけ　［D］アとイ　［E］アとウ
［F］アとエ　［G］イとウ　［H］どれも当てはまらない

（2）資料を読み取り、一致するものを選びなさい。

（ア）中規模企業で働く従業者数は、平均約51人である。

（イ）大企業で働く従業者数の平均は、小規模企業で働く従業者数の平均の442倍である。

（ウ）99%以上は大企業ではない。

［A］アだけ　［B］イだけ　［C］ウだけ　［D］アとイ　［E］アとウ
［F］アとエ　［G］イとウ　［H］どれも当てはまらない

実践問題解説

1．次の資料を見て問題に答えなさい。

表１　留学生からの就職目的の処分数等の推移

（単位：人）

	平成19年	平成20年	平成21年	平成22年	平成23年	平成24年	平成25年	平成26年	平成27年	平成28年	平成29年	平成30年
処分数	11,410	11,789	10,230	8,467	9,143	11,698	12,793	14,170	17,088	21,898	27,926	30,924
許可数	10,262	11,040	9,584	7,831	8,586	10,969	11,647	12,958	15,657	19,435	22,419	25,942
不許可数	1,148	749	646	636	557	729	1,146	1,212	1,431	2,463	5,507	4,982
許可率	89.9%	93.6%	93.7%	92.5%	93.9%	93.8%	91.0%	91.4%	91.6%	88.8%	80.3%	83.9%

表２　職務内容別の許可人数（主要なもの）

（単位：人）

職務内容	許可人数	（構成比）	職務内容	許可人数	（構成比）
翻訳・通訳	9,884	23.6%	教育	1,357	3.2%
販売・営業	5,615	13.4%	会計業務	1,249	3.0%
海外業務	3,753	9.0%	調査研究	619	1.5%
技術開発（情報処理分野）	2,717	6.5%	経営・管理業務	570	1.4%
貿易業務	1,865	4.5%	医療	248	0.6%
設計	1,805	4.3%	国際金融	118	0.3%
技術開発（情報処理分野以外）	1,790	4.3%	その他	8,821	21.1%
広報・宣伝	1,463	3.5%	合計	41,874	100.0%

（出典）出入国在留管理庁「平成30年における留学生の日本企業等への就職状況について」
令和元年10月　http://www.moj.go.jp/content/001307810.pdf

（１）平成30年の留学生からの就職目的の許可率は、平成20年の許可率の何倍か？必要な場合は、小数点第３位を四捨五入すること。

［A］0.90倍　［B］0.92倍　［C］0.94倍　［D］0.96倍　［E］0.98倍

表１より、平成30年の許可率は83.9％であり、平成20年の許可率は93.6％です。平成30年を平成20年と比べると、83.9％÷93.6％＝0.896…（小数点第３位の6を四捨五入）≒0.90倍です。…**正解は［A］**です。

（２）平成30年の留学生への就職目的の許可について、職務内容別の許可人数比率と同じ比率だった場合、「販売・営業」の人数は何人いることになるか？　必要な場合は、小数点以下を四捨五入すること。

［A］3,004名　［B］3,647名　［C］3,476名　［D］4,144名　［E］6,122名

表１より、平成30年の留学生への就職目的の許可数は25,942人です。表２より、平成30年の販売・営業の割合は13.4％（0.134）です。

留学生への就職目的の許可数のうち販売・営業の人は、25,942人×0.134＝3,476.2…（小数点以下の2を四捨五入）≒3,476です。…**正解は［C］**です。

2．2018年の日本の総人口は127,000,000人である。
次の設問に答えなさい。

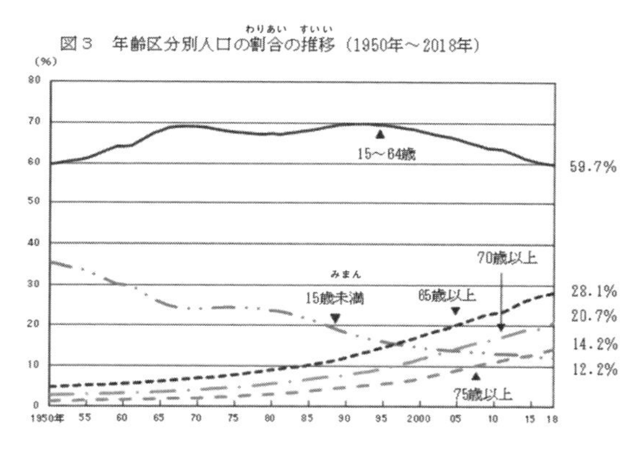

（出典）総務省統計局「人口推計（2018年（平成30年）10月1日現在）結果の要約」 http://www.stat.go.jp/data/jinsui/2018np/index.html

（1）2018年の15～64歳の人口は何人か？

［A］7,294.3千人　［B］7,581.9千人　［C］7,913.5千人
［D］8,104.7千人　［E］8,478.6千人

表より、2018年の15～64歳の割合は59.7％（0.597）のため、127,000,000人×0.597＝75,819,000＝7,581.9万人です。…**正解は［B］**です。

（2）2018年の65歳以上75歳未満の人口は何人か？

［A］17,149,000人　［B］17,381,000人　［C］17,653,000人
［D］17,902,000人　［E］18,236,000人

表より、65歳以上は28.1％（0.281）のため、127,000,000人×0.281＝35,687,000人です。

75歳以上は14.2％（0.142）のため、127,000,000×0.142＝18,034,000人です。

65歳以上75歳未満は、65歳以上から75歳以上を除いた人数のため、35,687,000人－18,034,000人＝17,653,000人です。…**正解は［C］**です。

（3）2018年、仮に15歳以上75歳未満の人が他の年齢層の人も支える場合、1人あたり何人を支えることになるか？

［A］0.36人　［B］0.38人　［C］0.40人　［D］0.42人　［E］0.44人

（1）の答えより、15〜64歳の人口は75,819,000人です。（2）の答えより、65歳以上75歳未満の人口は17,653,000人です。つまり、15歳以上75歳未満の人口は、75,819,000人＋17,653,000人＝93,472,000人です。

他の年齢層の人口は、127,000,000人－93,472,000人＝33,528,000人です。15歳以上75歳未満の人1人あたり、33,528,000人÷93,472,000人＝0.35…≒0.36人になります。…**正解は**［A］です。

3．A店の1日の買い物客の購入金額と支払い方法を示した表を参考に、設問に答えなさい。

	1,000円以下	1,001-3,000円	3,001-5,000円	5,001円以上	平均利用金額（円／回）
現金	4	5	5	3	2,853
決済アプリ	10	6	2	1	1,605
クレジットカード	3	4	6	8	3,690

- **「現金」「決済アプリ」「クレジットカード」の支払い方法について、購入金額がいくらのときに使用されたか（回数）と、それぞれの平均利用金額（円／回）がまとめられている。**
- **平均利用金額は、各決済方法の購入金額の合計を利用人数で割って算出している。**
- **決済アプリは3％、クレジットカードは5％の手数料がA店にかかる。**

（1）1,000円以下の支払いで、決済アプリを利用する割合はどれか？

［A］57％　［B］59％　［C］61％　［D］63％　［E］65％

1,000円以下の買い物客数は、現金4人＋決済アプリ10人＋クレジットカード3人で、合計17人です。

決済アプリを利用する割合は、10人÷17人×100＝58.82…≒59％です。…**正解は**［B］です。

（2）A店の1日の売上金額として一番近いものはどれか？

［A］156,500円　［B］158,000円　［C］159,500円
［D］160,500円　［E］165,500円

1日の売上金額は、現金・決済アプリ・クレジットカードの売上金額の合計です。それぞれ平均利用金額に買い物客数を掛け合わせて求めます。

・現金：2,853円×（4人＋5人＋5人＋3人）＝2,853円×17人＝48,501円

・決済アプリ：1,605円×（10人＋6人＋2人＋1人）＝1,605円×19人＝30,495円

・クレジットカード：3,690円×（3人＋4人＋6人＋8人）＝3,690円×21人＝77,490円

全体の売上金額は、48,501円＋30,495円＋77,490円＝156,486円≒156,500円です。…**正解は［A］**です。

（3）クレジットカードの決済方法について、売上から手数料を除いた収入金額として一番近いものはどれか？

［A］72,625円　［B］72,825円　［C］73,265円

［D］73,625円　［E］73,655円

（2）より、クレジットカードの1日の売上金額は77,490円です。表の注より、クレジットカードは5％（0.05）の手数料がA店にかかります。

収入金額は、77,490円×（1－0.05）＝77,490円×0.95＝73,615.5≒73,616円→73,625円です。…**正解は［D］**です。

4．資料を見て次の問題に答えなさい。

表1　都道府県別人口構成比（平成31年人口）

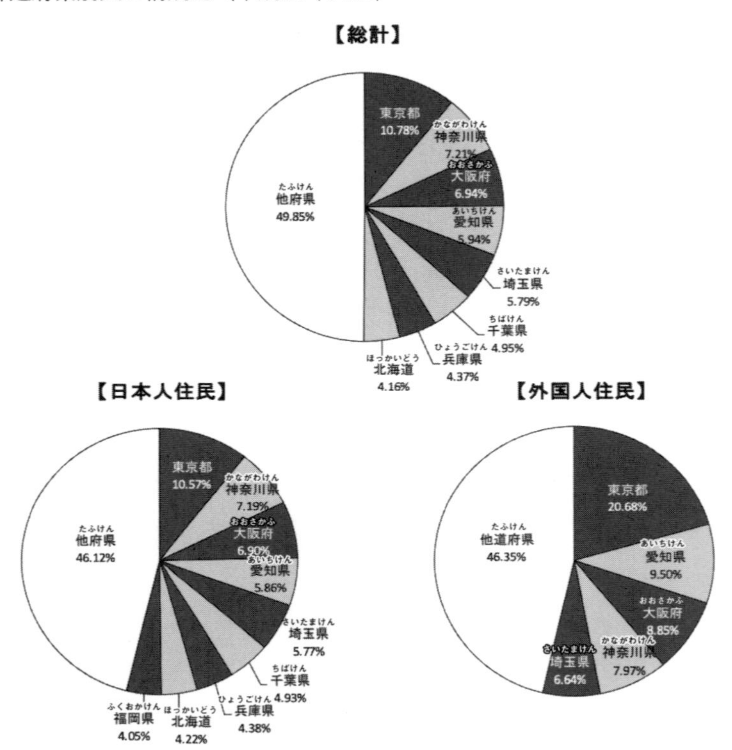

注）図中の割合は、四捨五入による数値のため、各割合の合計が必ずしも100%にならない場合がある。

表2　人口の多い都道府県、少ない都道府県【総計】（平成31年人口）

人口の多い都道府県

順位	都道府県名	人口（人）
1	東京都	13,740,732
2	神奈川県	9,189,521
3	大阪府	8,848,998
4	愛知県	7,565,309
5	埼玉県	7,377,288
6	千葉県	6,311,190
7	兵庫県	5,570,618
8	北海道	5,304,413
9	福岡県	5,131,305
10	静岡県	3,726,537

人口の少ない都道府県

順位	都道府県名	人口（人）
1	鳥取県	566,052
2	島根県	686,126
3	高知県	717,480
4	徳島県	750,519
5	福井県	786,503
6	佐賀県	828,781
7	山梨県	832,769
8	和歌山県	964,598
9	香川県	987,336
10	秋田県	1,000,223

表３　総計に占める外国人住民の割合の大きい都道府県、小さい都道府県（平成31年人口）

割合の大きい都道府県

順位	都道府県名	割合（%）
1	東京都	4.01%
2	愛知県	3.35%
3	群馬県	2.86%
4	三重県	2.78%
5	大阪府	2.67%
6	岐阜県	2.62%
7	千葉県	2.43%
8	埼玉県	2.401%
9	静岡県	2.397%
10	京都府	2.35%

割合の小さい都道府県

順位	都道府県名	割合（%）
1	秋田県	0.39%
2	青森県	0.44%
3	岩手県	0.57%
4	宮崎県	0.59%
5	高知県	0.62%
6	鹿児島県	0.63%
7	山形県	0.66%
8	和歌山県	0.678%
9	北海道	0.680%
10	福島県	0.74%

（出典）総務省「住民基本台帳に基づく人口、人口動態及び世帯数」（平成31年１月１日現在）
https://www.soumu.go.jp/main_content/000633278.pdf

（１）資料を読み取り、一致するものを選びなさい。

（ア）人口が多い都道府県と外国人住民の割合が大きい都道府県の上位３位は同じである。

（イ）外国人が多い地域は、都道府県上位５位までで半数を超える。

（ウ）福岡県における外国人住民比率は、２％より低い。

（エ）外国人が最も多い都道府県と最も少ない都道府県では、55万人以上の差がある。

［A］アだけ　［B］イだけ　［C］ウだけ　［D］エだけ　［E］アとイ
［F］アとウ　［G］アとエ　［H］イとウ　［I］イとエ　［J］ウとエ

（ア）表１より、人口が多い都道府県の上位３位は、東京都、神奈川県、大阪府です。表３より、外国人住民の割合が大きい都道府県は、東京都、愛知県、群馬県です。内容と一致しません。

（イ）表１より、外国人住民が多い上位５位は、東京都20.68％、愛知県9.50％、大阪府8.85％、神奈川県7.97％、埼玉県6.64％であり、合計で20.68％＋9.50％＋8.85％＋7.97％＋6.64％＝53.64％です。53.64％＞50％のため、内容と一致します。

（ウ）外国人住民比率は、表３より読み取ります。表中に福岡県がないため、与えられている資料からは判断できません。

（エ）表２より、外国人が最も多い都道府県の人口は東京都13,740,732人であり、最も少ない都道府県は秋田県1,000,233人です。表３より、外国人住民割合が最も高い都道府県は東京都4.01%（0.0401）、最も低い都道府県は秋田県0.39%（0.0039）です。

・東京都：13,740,732人×0.0401＝551,003.35…551,003人
・秋田県：1,000,233人×0.0039＝3,900.90…3,901人
東京都と秋田県の差は、551,003人－3,901人＝547,102人です。
55万人未満のため、内容と一致しません。

したがって、一致するのはイです。…**正解は**［B］です。

（２）資料を読み取り、一致するものを選びなさい。

（ア）愛知県の外国人住民比率は、秋田県の外国人住民比率の10倍より大きい。

（イ）人口100万人未満の都道府県はない。

（ウ）静岡県の外国人住民数は、和歌山県の外国人住民数の10倍以上である。

（エ）日本の総人口は、127,000,000以上である。

［A］アだけ　［B］イだけ　［C］ウだけ　［D］エだけ　［E］アとイ
［F］アとウ　［G］アとエ　［H］イとウ　［I］イとエ　［J］ウとエ

（ア）表３より、愛知県の外国人住民比率は3.35%、秋田県の外国人住民比率は0.39%です。0.39%の10倍は3.9%です。3.35%＜3.9%のため、内容と一致しません。

（イ）表２より、人口100万人未満の都道府県は９県あり、内容と一致しません。

（ウ）表２より、静岡県の人口は3,726,537人であり、和歌山県は964,598人です。表３より、静岡県の外国人住民割合は2.397%（0.02397）、和歌山県は0.678%（0.00678）です。

・静岡県：3,726,537×0.02397＝89,325.09…≒89,325人
・和歌山県：964,598×0.00678＝6,539.97…≒6,540人
静岡県と和歌山県を比べると、89,325人÷6,540人＝13.65…約14倍です。14倍＞10倍のため、内容と一致します。

（エ）表１より、東京都の人口割合は10.78%（0.1078）です。表２より、東京都の人口は13,740,732人です。つまり、日本の総人口は、13,740,732人÷0.1078＝127,465,046.38…≒127,465,046人です。127,465,046人＞127,000,000人のため、内容と一致します。

したがって、一致するのはウとエです。…**正解は**［J］です。

5．資料を見て次の問題に答えなさい。

	企業数		従業者数	
	社数	割合	人数	割合
大企業	約1.1万社	0.3%	約1,459万人	31.2%
中規模企業	約53.0万社	X	約2,176万人	Z
小規模企業	約304.8万社	Y	約1,044万人	22.3%

（出典）『2019年中小企業白書』中小企業庁より作成
https://www.chusho.meti.go.jp/pamflet/hakusyo/2019/PDF/chusho/00Hakusyo_zentai.pdf

（1）資料を読み取り、一致するものを選びなさい。

（ア）Xは14.8%、Yは84.9%である。

（イ）Zは56.5%である。

（ウ）従業者数は合計4,700万人以上である。

［A］アだけ　［B］イだけ　［C］ウだけ　［D］アとイ　［E］アとウ
［F］アとエ　［G］イとウ　［H］どれも当てはまらない

先に①企業数合計と②従業者数合計を計算し、③中規模企業数割合、④小規模企業数割合、⑤中規模企業従業者数割合を求めます。

①企業数社数合計＝大企業約1.1万社＋中規模企業約53.0万社＋小規模企業約304.8万社＝約358.9万社

②従業者数合計＝大企業約1,459万人＋中規模企業約2,176万人＋小規模企業約1,044万人＝約4,679万人

③中規模企業数割合＝約53.0万社÷約358.9万社×100＝14.76…≒14.8%

④小規模企業数割合＝約304.8万社÷約358.9万社×100＝84.92…≒84.9%

⑤中規模企業従業者数割合＝約2,176万人÷約4,679万人×100＝46.50…≒46.5%

それぞれを表に当てはめると、下記の表のとおりです。

	企業数		従業者数	
	社数	割合	人数	割合
大企業	約1.1万社	0.3%	約1,459万人	31.2%
中規模企業	約53.0万社	③14.8%	約2,176万人	⑤46.5%
小規模企業	約304.8万社	④84.9%	約1,044万人	22.3%
合計	①約358.9万社	100.0%	②約4,679万人	100.0%

（ア）表③④と一致します。
（イ）表⑤と一致しません。
（ウ）表②約4,679万人＜4,700万人であり、一致しません。
したがって、一致するのはアだけです。…**正解は**［A］です。

（２）資料を読み取り、一致するものを選びなさい。
（ア）中規模企業で働く従業者数は、平均約51人である。
（イ）大企業で働く従業者数の平均は、小規模企業で働く従業者数の平均の442倍である。
（ウ）99％以上は大企業ではない。

［A］アだけ　［B］イだけ　［C］ウだけ　［D］アとイ　［E］アとウ
［F］アとエ　［G］イとウ　［H］どれも当てはまらない

（ア）中規模企業の企業数は約53.0万で、従業者数は約2,176万人です。約2,176万人÷約53.0万社＝41.05…≒41人であり、一致しません。
（イ）大規模企業の企業数は約1.1万で、従業者数は約1,459万人です。約1,459万人÷約1.1万社＝1,326.36…≒1,326人。小規模企業の企業数は約304.8万で、従業者数は約1,044万人です。約1,044万人÷約304.8万社＝3.42…≒３人。大規模企業と小規模企業の差は約1,326人÷約３人＝442倍であり、一致します。
（ウ）中規模企業数割合と小規模企業数割合の合計は14.8％＋84.9％＝99.7％であり、一致します。
したがって、一致するのはイとウです。…**正解は**［G］です。

11 長文の読み取り

重要度：★★★★★

確かに、先に設問を見ることで、素早く解ける気もします。

すべての問題で通用するわけではないですが、習慣にするといいですよ。情報が多くても、実は計算は簡単な場合もありますからね。

希望が見えてきた気がします！

次はいよいよ最後、「長文の読み取り」です。

長文の読み取り……。先生、希望が見えなくなった気がします。

そんなことを言わず、まずはやってみましょう！

練習問題

1．次の文章を読んで設問に答えなさい。

日本語レベル：★★★★

（…①②省略…）

③エネルギー起源 CO_2 排出量

2013年度のエネルギー起源 CO_2 排出量は12.4億[68]トンであり、2030年度には9.3

---

[68] 億…数字の単位。100,000,000。「千」→「万」→「億」→「兆」の順番で1,000倍ずつ大きくなる。

億トン程度を見込む。これは、年0.2億トン程度の削減に相当する。2016年度は11.3億トン程度であり、現状は年0.4億トン程度のペースで削減している。

④電力コスト

2013年度の電力の燃料費とFIT制度の買取費用等を足した電力コストは9.7兆円であり、2030年度は電力コストを引き下げて9.2兆円から9.5**兆**㊾円を見込む。現状はFIT制度による買取費用の増加がある一方で資源価格が下落し、2016年度は全体として6.2兆円となっている。

⑤エネルギー自給率

2013年度のエネルギー自給率は東日本大震災後大きく低下し６％となったが、2030年度には再生可能エネルギーの導入促進や、原子力規制委員会により世界で最も厳しい水準の規制基準に適合すると認められた原子力発電所の再稼働を通じて、24％とすることを見込む。これは、年１％ポイント程度の上昇に相当する。2016年度は８％程度となっている。

（出典）経済産業省「エネルギー基本計画」平成30年７月
https://www.meti.go.jp/press/2018/07/20180703001/20180703001-1.pdf

（１）次のうち、文章の内容と一致するものはどれか？

（ア）エネルギー起源 CO_2 排出量の削減は順調といえる。

（イ）電力コストは増えている。

（ウ）原子力発電の割合が大きかった。

（エ）エネルギー自給率は減少している。

［Ａ］ア　［Ｂ］イ　［Ｃ］ウ　［Ｄ］エ　［Ｅ］どれも当てはまらない

練習問題解説

１．次の文章を読んで設問に答えなさい。

（…①②省略…）

③エネルギー起源 CO_2 排出量

2013年度のエネルギー起源 CO_2 排出量は12.4億トンであり、2030年度には9.3億トン程度を見込む。これは、年0.2億トン程度の削減に相当する。2016年度は

㊾**兆**…数字の単位。1,000,000,000,000。

11.3億トン程度であり、現状は年0.4億トン程度のペースで削減している。

④電力コスト

2013年度の電力の燃料費とFIT制度の買取費用等を足した電力コストは9.7兆円であり、2030年度は電力コストを引き下げて9.2兆円から9.5兆円を見込む。現状はFIT制度による買取費用の増加がある一方で資源価格が下落し、2016年度は全体として6.2兆円となっている。

⑤エネルギー自給率

2013年度のエネルギー自給率は東日本大震災後大きく低下し6％となったが、2030年度には再生可能エネルギーの導入促進や、原子力規制委員会により世界で最も厳しい水準の規制基準に適合すると認められた原子力発電所の再稼働を通じて、24％とすることを見込む。これは、年1％ポイント程度の上昇に相当する。2016年度は8％程度となっている。

（出典）経済産業省「エネルギー基本計画」平成30年7月
https://www.meti.go.jp/press/2018/07/20180703001/20180703001-1.pdf

（1）次のうち、文章の内容と一致するものはどれか？

（ア）エネルギー起源 CO_2 排出量の削減は順調といえる。

（イ）電力コストは増えている。

（ウ）原子力発電の割合が大きかった。

（エ）エネルギー自給率は減少している。

［A］ア　［B］イ　［C］ウ　［D］エ　［E］どれも当てはまらない

（ア）エネルギー起源 CO_2 排出量とは、エネルギーの利用により出てくる二酸化炭素（CO_2）の量のことです。起源は「物事の元となる」という意味で、排出は「外に出す」という意味です。③1文目に、「2030年度には9.3億トン程度を見込む。これは、年0.2億トン程度の削減に相当する」と書かれています。また、③の最後に、「現状は年0.4億トン程度のペースで削減している」と書かれています。

見込みに相当する年0.2億トン程度よりも、0.4億トン程度と多く削減しているため順調といえ、内容と一致します。

（イ）④1文目に、「2013年度の電力の燃料費とFIT制度の買取費用等を足した電力コストは9.7兆円であり」と書かれています。また、④2文目に、「現状はFIT制度による買取費用の増加がある一方で資源価格が下落し、2016年度は全体として6.2兆円となっている」と書かれています。

9.7兆円から6.2兆円に減っているため、内容と一致しません。

（ウ）原子力発電の割合については書かれていません。判断ができないため、一致しません。

（エ）エネルギー自給率とは、「自分の国で必要なエネルギーを、どのくらい自分の国の中で生産して使用できているか」を示す割合です。⑤１文目に、「2013年度のエネルギー自給率は東日本大震災後大きく低下し６％となった」と書かれています。また、⑤の最後に、「2016年度は８％程度となっている」と書かれています。

６％から８％に増加しているため、内容と一致しません。

したがって、一致するのはアです。…**正解は［A］です。**

POINT

- **→ わからない言葉があっても解くことはできる。数字に注目しよう。**
- **→ 長文読解でも回答するためには、計算が必要になる。**
- **→ 設問にある言葉から問題文を読む方法も有効。**

実践問題

1．次の文章を読んで設問に答えなさい。

日本語レベル：★★★★★

厚生労働省では、**公共職業安定所**⑳（ハローワーク）における求人、**求職**㉑、就職の状況をとりまとめ、**求人倍率**㉒などの指標を作成し、一般職業紹介状況として毎月公表しています。

令和㉓元年12月の数値をみると、有効求人倍率（季節調整値）は1.57倍となり、

---

⑳**公共職業安定所**…国が運営する施設で、就職するための相談や求人への応募ができるところ。「ハローワーク」とも呼ばれる。

㉑**求職**…仕事を求めて企業の求人に応募すること。

㉒**求人倍率**…１人あたり何件の求人があるかを示すもの。

前月と同水準となりました。新規求人倍率（季節調整値）は2.43倍となり、前月を0.11ポイント上回りました。

正社員74有効求人倍率（季節調整値）は1.13倍となり、前月と同水準となりました。

12月の有効求人（季節調整値）は前月に比べ0.2%増となり、有効求職者（同）は0.3%減となりました。

12月の新規求人（原数値）は前年同月と比較すると2.1%増となりました。これを産業別にみると、教育，学習支援業（7.7%増）、医療，福祉（6.8%増）、建設業（4.3%増）、学術研究，専門・技術サービス業（3.9%増）などで増加となり、製造業（11.6%減）、サービス業（他に分類されないもの）（2.7%減）、宿泊業，飲食サービス業（1.3%減）、運輸業，郵便業（1.2%減）、生活関連サービス業，娯楽業（0.6%減）、卸売業，小売業（0.6%減）などで減少となりました。

都道府県別の有効求人倍率（季節調整値）をみると、就業地別では、最高は福井県の2.15倍、最低は高知県の1.26倍、受理地別では、最高は東京都の2.08倍、最低は長崎の1.17倍となりました。

令和元年平均の有効求人倍率は1.60倍となり、前年の1.61倍を0.01ポイント下回りました。

令和元年平均の有効求人は前年に比べ1.6%減となり、有効求職者は0.8%減となりました。

（出典）厚生労働省「一般職業紹介状況（令和元年12月分及び令和元年分）について」
https://www.mhlw.go.jp/stf/houdou/0000192005_00004.html

（1）令和元年12月の有効求人倍率は、前月と比べてどうなったか？

［A］上回った　［B］減少した　［C］同じ
［D］増加した　［E］文章からはわからない

（2）次のうち文章の内容と一致するものはどれか？

（ア）新規求人が増加したのは「教育，学習支援業」「医療，福祉」「建設業」の３つである。

73**令和**（れいわ）…日本の年号（和暦（われき））の一つ。2019年5月に「平成（へいせい）」から変わった。
74**正社員**（せいしゃいん）…企業（きぎょう）と期間（きかん）の定めがない雇用契約（こようけいやく）を結んでいる労働者（ろうどうしゃ）。

（イ）有効求人倍率の増加率は、福井県は高知県の200％である。
（ウ）令和元年平均の有効求人は、前年に比べて減っている。

［A］アだけ　［B］イだけ　［C］ウだけ　［D］アとイ　［E］アとウ
［F］アとエ　［G］イとウ　［H］どれも当てはまらない

２．次の文章を読んで設問に答えなさい。

日本語レベル：★★★★★

■**関税引き下げで中国の輸入が大幅増**

2018年の世界貿易（輸出金額ベース）を国・地域別にみると、**先進国**㊷は前年比8.0％増の11兆4,615億ドル、**新興・途上国**㊸は12.3％増の７兆5,628億ドルとなった（図表Ⅰ－19）。2018年は輸出入ともに金額が伸びた国・地域が多かった一方で、2017年に比べて伸び率は鈍化した。輸出では主に、中国（10.1％増）、米国（7.6％増）、ドイツ（7.7％増）、オランダ（11.0％増）、フランス（8.7％増）、英国（11.2％増）といった輸出上位国のほか、ロシア（25.6％増）やオーストラリア（11.2％増）などの資源輸出国（注８）の増加が世界輸出額の増加に寄与した。一方、世界輸入額の増加に対しては、中国（17.8％増）、米国（8.6％増）、ドイツ（10.5％増）、日本（11.5％増）、韓国（11.9％増）、フランス（8.7％増）、オランダ（12.3％増）、イタリア（10.5％増）、インド（14.3％増）などの増加が寄与した。

輸出入上位国・地域は、2016年からほとんど変動がなく、中国が輸出で世界１位、輸入で２位、米国が輸出で２位、輸入で１位となっている（図表Ⅰ－20）。輸入規模では、インドが昨年に続いて順位を上げ９位となった。多くの主要国・地域で2018年通年の貿易額の伸びはプラスとなったが、四半期ごとの伸び率をみると、2018年の後半にかけて伸び率が減速していることがうかがえる（図表Ⅰ－21）。2018年の輸出増加は、前半の貿易拡大に支えられていたと考えられる。

（出典）独立行政法人日本貿易振興機構『ジェトロ世界貿易投資報告 2019年版』
https://www.jetro.go.jp/ext_images/world/gtir/2019/dai1.pdf

㊷**先進国**（せんしんこく）…他国と比べて工業化が進み、技術水準（すいじゅん）や生活水準（すいじゅん）が高く経済（けいざい）発展した国のこと。

㊸**新興・途上国**（しんこう・とじょうこく）…先進国（せんしんこく）に比べてまだ経済水準（けいざいすいじゅん）が低く、発展の途中にある国のこと。

※1：文中の（　）内の%は前年との実績比とする。
※2：文中の指す注・図表は省略。

（1）2018年の世界貿易（輸出金額ベース）の増加率について、先進国は新興・途上国の何%か？

［A］約58%　［B］約61%　［C］約63%　［D］約65%　［E］約67%

（2）次のうち文章の内容と一致するものはどれか？

（ア）輸出額で最も増加率が高いのは中国である。
（イ）ドイツの輸入額の増加率は、輸出額の増加率の約1.36倍である。
（ウ）フランスの輸出額は約9,971億ドルである。

［A］アだけ　［B］イだけ　［C］ウだけ　［D］アとイ　［E］アとウ
［F］アとエ　［G］イとウ　［H］どれも当てはまらない

3．次の文章を読んで設問に答えなさい。

日本語レベル：★★★★★

（1）日本語学習需要の増大

日本語教育は、日本語を母語としない者を対象として行われる言語教育である。現在、日本語の潜在的な学習需要は増大していると言えるが、これは、日本語能力の習得を必要とする者が増加していることにほかならない。

日本語を母語としない者が日本語能力の習得を必要とする要因としては様々なものがあるが、その最も大きなものの一つとして、日本国内において生活する外国人がコミュニケーション言語として日本語能力を必要としているということがある。すなわち、外国人が職業生活上あるいは日常生活を送る上で、母語が通用する特別な環境の下にある場合を除き、一般には日本人とのコミュニケーションを図るためには日本語能力が必要とされている。

近年、我が国に在留する外国人は増加の一途を辿っている。平成９年末現在、外国人登録者数は148万2,707人で、我が国総人口の1.18パーセントを占めるに至っている（法務省「在留外国人統計」）。10年前の**昭和**77 62年末現在の88万4,025人と比較すると、67.7パーセントの増であり、増加傾向は毎年続いている。

77 **昭和**（しょうわ）…日本の年号（和暦（われき））の一つ。1926年12月25日～1989年１月７日。

そして、我が国に在留する外国人を大きく在留統計上の永住者とそれ以外の滞在者である非永住者に分けると、増加している者は非永住者である（平成９年末現在、永住者は62万5,450人、非永住者は85万7,257人）。非永住者は、新たに来日した外国人であり、例外的な場合を除くと、日本語能力を十分には有していない場合が一般的である。

日本国内に居住するこのような非永住者である外国人の継続的な増加は、国内において、潜在的な日本語学習需要が継続的に増加しているものと言える。

一方、文化庁が行っている国内の外国人等に対する「日本語教育実態調査」によれば、実際に日本語学習を行っている者（独学者を除く。）は、平成10年11月現在で83,025人であり、10年前の昭和63年の64,020人と比較した場合、在留外国人全体に比べると低い増加率になっている。

このことは、我が国に在留する外国人の増加を踏まえた、学習需要を前提に今後の日本語教育の方向を考えた場合、特に、日本国内において居住することで潜在的な日本語学習需要を有しているが、学習環境が整っていないことなどにより、日本語学習を行っていない外国人を対象とした日本語教育の振興を図っていくことが重要であると言える。

（出典）文化庁「今後の日本語教育施策の推進について－日本語教育の新たな展開を目指して－」
https://www.bunka.go.jp/tokei_hakusho_shuppan/tokeichosa/nihongokyoiku_suishin/nihongokyoiku_tenkai/hokokusho/1/

（１）文章中の情報から、平成９年末時点の日本の総人口は何人か？

［A］約１億1,998万人　［B］約１億2,248万人　［C］約１億2,565万人
［D］約１億2,835万人　［E］約１億3,024万人

（２）（１）で求めた総人口を参考にした場合、平成10年11月の日本語学習を行っている在留外国人の比率は、昭和63年に比べてどのくらい増えたか？

［A］0.02%　［B］0.04%　［C］0.06%　［D］0.08%　［E］0.10%

（３）次のうち文章の内容と一致するものはどれか？

（ア）昭和62年末時点の在留外国人比率は約0.7%である。

（イ）平成９年末時点の永住者と非永住者の比率は42対58である。

（ウ）在留外国人で日本語学習を行っている人は、昭和63年に比べて約1.3

倍になった。

［A］アだけ　［B］イだけ　［C］ウだけ　［D］アとイ　［E］アとウ
［F］アとエ　［G］イとウ　［H］どれも当てはまらない

実践問題解説

1．次の文章を読んで設問に答えなさい。

厚生労働省では、公共職業安定所（ハローワーク）における求人、求職、就職の状況をとりまとめ、求人倍率などの指標を作成し、一般職業紹介状況として毎月公表しています。

令和元年12月の数値をみると、有効求人倍率（季節調整値）は1.57倍となり、前月と同水準となりました。新規求人倍率（季節調整値）は2.43倍となり、前月を0.11ポイント上回りました。

正社員有効求人倍率（季節調整値）は1.13倍となり、前月と同水準となりました。

12月の有効求人（季節調整値）は前月に比べ0.2％増となり、有効求職者（同）は0.3％減となりました。

12月の新規求人（原数値）は前年同月と比較すると2.1％増となりました。これを産業別にみると、教育，学習支援業（7.7％増）、医療，福祉（6.8％増）、建設業（4.3％増）、学術研究，専門・技術サービス業（3.9％増）などで増加となり、製造業（11.6％減）、サービス業（他に分類されないもの）（2.7％減）、宿泊業，飲食サービス業（1.3％減）、運輸業，郵便業（1.2％減）、生活関連サービス業，娯楽業（0.6％減）、卸売業，小売業（0.6％減）などで減少となりました。

都道府県別の有効求人倍率（季節調整値）をみると、就業地別では、最高は福井県の2.15倍、最低は高知県の1.26倍、受理地別では、最高は東京都の2.08倍、最低は長崎の1.17倍となりました。

令和元年平均の有効求人倍率は1.60倍となり、前年の1.61倍を0.01ポイント下回りました。

令和元年平均の有効求人は前年に比べ1.6％減となり、有効求職者は0.8％減となりました。

（出典）厚生労働省「一般職業紹介状況（令和元年12月分及び令和元年分）について」
https://www.mhlw.go.jp/stf/houdou/0000192005_00004.html

（１）令和元年12月の有効求人倍率は、前月と比べてどうなったか？

［A］上回った　［B］減少した　［C］同じ
［D］増加した　［E］文章からはわからない

文中４行目に、「令和元年12月の数値をみると、有効求人倍率（季節調整値）は1.57倍となり、前月と同水準となりました」と書かれており、同じであることがわかります。…**正解は**［C］です。

（２）次のうち文章の内容と一致するものはどれか？
（ア）新規求人が増加したのは「教育，学習支援業」「医療，福祉」「建設業」の３つである。
（イ）有効求人倍率の増加率は、福井県は高知県の200％である。
（ウ）令和元年平均の有効求人は、前年に比べて減っている。

［A］アだけ　［B］イだけ　［C］ウだけ　［D］アとイ　［E］アとウ
［F］アとエ　［G］イとウ　［H］どれも当てはまらない

（ア）文中11行目に、「教育，学習支援業（7.7％増）、医療，福祉（6.8％増）、建設業（4.3％増）、学術研究，専門・技術サービス業（3.9％増）などで増加となり」と書かれています。増加したのは４つ以上であり、内容と一致しません。
（イ）文中16行目に、「最高は福井県の2.15倍、最低は高知県の1.26倍」と書かれています。福井県と高知県を比べると、2.15倍÷1.26倍×100＝170.63…≒170％であり、内容と一致しません。
（ウ）文中の最後に、「令和元年平均の有効求人は前年に比べ1.6％減となり、有効求職者は0.8％減となりました」と書かれており、内容と一致します。
したがって、一致するのはウだけです。…**正解は**［C］です。

２．次の文章を読んで設問に答えなさい。

■関税引き下げで中国の輸入が大幅増
2018年の世界貿易（輸出金額ベース）を国・地域別にみると、先進国は前年比8.0％増の11兆4,615億ドル、新興・途上国は12.3％増の７兆5,628億ドルとなった（図表Ⅰ－19）。2018年は輸出入ともに金額が伸びた国・地域が多かった一方で、2017年に比べて伸び率は鈍化した。輸出では主に、中国（10.1％増）、米国（7.6％増）、ドイツ（7.7％増）、オランダ（11.0％増）、フランス（8.7％増）、英国（11.2％増）といった輸出上位国のほか、ロシア（25.6％増）やオーストラリア（11.2％増）などの資源輸出国（注８）の増加が世界輸出額の増加に寄与した。一方、世界輸入額の増加に対しては、中国（17.8％増）、米国（8.6％増）、ドイツ（10.5％増）、日本（11.5％増）、韓国（11.9％増）、フランス（8.7％増）、オランダ（12.3％増）、イタリア（10.5％増）、インド（14.3％増）などの増加が寄与した。

輸出入上位国・地域は、2016年からほとんど変動がなく、中国が輸出で世界１位、輸入で２位、米国が輸出で２位、輸入で１位となっている（図表Ⅰ－20）。輸入規模では、インドが昨年に続いて順位を上げ９位となった。多くの主要国・地域で2018年通年の貿易額の伸びはプラスとなったが、四半期ごとの伸び率をみると、2018年の後半にかけて伸び率が減速していることがうかがえる（図表Ⅰ－21）。2018年の輸出増加は、前半の貿易拡大に支えられていたと考えられる。

（出典）独立行政法人日本貿易振興機構『ジェトロ世界貿易投資報告 2019年版』
https://www.jetro.go.jp/ext_images/world/gtir/2019/dai1.pdf
※1：文中の（　）内の％は前年との実績比とする。
※2：文中の指す注・図表は省略。

（１）2018年の世界貿易（輸出金額ベース）の増加率について、先進国は新興・途上国の何％か？

［A］約58％　［B］約61％　［C］約63％　［D］約65％　［E］約67％

文中１行目に、「先進国は前年比8.0％増の11兆4,615億ドル、新興・途上国は12.3％増」と書いてあります。先進国と新興・途上国を比べると、8.0％÷12.3％×＝65.040…≒65％です。…**正解は［D］**です。

（２）次のうち文章の内容と一致するものはどれか？

（ア）輸出額で最も増加率が高いのは中国である。
（イ）ドイツの輸入額の増加率は、輸出額の増加率の約1.36倍である。
（ウ）フランスの輸出額は約9,971億ドルである。

［A］アだけ　［B］イだけ　［C］ウだけ　［D］アとイ　［E］アとウ
［F］アとエ　［G］イとウ　［H］どれも当てはまらない

（ア）文中４行目に、「輸出では主に、中国（10.1％増）、米国（7.6％増）、ドイツ（7.7％増）、オランダ（11.0％増）、フランス（8.7％増）、英国（11.2％増）といった輸出上位国のほか、ロシア（25.6％増）やオーストラリア（11.2％増）」と書いてあります。増加率が最も高いのは「ロシア（25.6％増）」であり、内容と一致しません。

（イ）文中８行目に、「世界輸入額の増加に対しては、中国（17.8％増）、米国（8.6％増）、ドイツ（10.5％増）」と書いてあります。また、文中４行目に、「輸出では主に、中国（10.1％増）、米国（7.6％増）、ドイツ（7.7％増）」と書いてあります。

輸入額と輸出額を比べると、10.5％÷7.7％×100＝136.36…≒1.36倍であり、内容と一致します。

（ウ）文中には、フランスの輸出額について計算するための情報が書かれていません。判断できないため、一致しません。

したがって、一致するのはイだけです。…**正解は**［B］です。

3．次の文章を読んで設問に答えなさい。

（1）日本語学習需要の増大

日本語教育は、日本語を母語としない者を対象として行われる言語教育である。現在、日本語の潜在的な学習需要は増大していると言えるが、これは、日本語能力の習得を必要とする者が増加していることにほかならない。

日本語を母語としない者が日本語能力の習得を必要とする要因としては様々なものがあるが、その最も大きなものの一つとして、日本国内において生活する外国人がコミュニケーション言語として日本語能力を必要としているということがある。すなわち、外国人が職業生活上あるいは日常生活を送る上で、母語が通用する特別な環境の下にある場合を除き、一般には日本人とのコミュニケーションを図るためには日本語能力が必要とされている。

近年、我が国に在留する外国人は増加の一途を辿っている。平成９年末現在、外国人登録者数は148万2,707人で、我が国総人口の1.18パーセントを占めるに至っている（法務省「在留外国人統計」）。10年前の昭和62年末現在の88万4,025人と比較すると、67.7パーセントの増であり、増加傾向は毎年続いている。

そして、我が国に在留する外国人を大きく在留統計上の永住者とそれ以外の滞在者である非永住者に分けると、増加している者は非永住者である（平成９

年末現在、永住者は62万5,450人、非永住者は85万7,257人）。非永住者は、新たに来日した外国人であり、例外的な場合を除くと、日本語能力を十分には有していない場合が一般的である。

日本国内に居住するこのような非永住者である外国人の継続的な増加は、国内において、潜在的な日本語学習需要が継続的に増加しているものと言える。

一方、文化庁が行っている国内の外国人等に対する「日本語教育実態調査」によれば、実際に日本語学習を行っている者（独学者を除く。）は、平成10年11月現在で83,025人であり、10年前の昭和63年の64,020人と比較した場合、在留外国人全体に比べると低い増加率になっている。

このことは、我が国に在留する外国人の増加を踏まえた、学習需要を前提に今後の日本語教育の方向を考えた場合、特に、日本国内において居住することで潜在的な日本語学習需要を有しているが、学習環境が整っていないことなどにより、日本語学習を行っていない外国人を対象とした日本語教育の振興を図っていくことが重要であると言える。

（出典）文化庁「今後の日本語教育施策の推進について－日本語教育の新たな展開を目指して－」
https://www.bunka.go.jp/tokei_hakusho_shuppan/tokeichosa/nihongokyoiku_suishin/nihongokyoiku_tenkai/hokokusho/1/

（1）文章中の情報から、平成９年末時点の日本の総人口は何人か？

［A］約１億1,998万人　［B］約１億2,248万人　［C］約１億2,565万人
［D］約１億2,835万人　［E］約１億3,024万人

文中10行目に、「平成９年末現在、外国人登録者数は148万2,707人で、我が国総人口の1.18パーセントを占めるに至っている」と書いてあります。

日本の総人口は148万2,707人÷1.18％(0.0118)＝125,653,135.59…≒125,653,136人≒１億2,565万人です。…**正解は［C］**です。

（2）（1）で求めた総人口を参考にした場合、平成10年11月の日本語学習を行っている在留外国人の比率は、昭和63年に比べてどのくらい増えたか？

［A］0.02%　［B］0.04%　［C］0.06%　［D］0.08%　［E］0.10%

（1）の答えより、日本の総人口は約１億2,565万人です。

文中22行目に、「実際に日本語学習を行っている者（独学者を除く。）は、平成10年11月現在で83,025人であり、10年前の昭和63年の64,020人と比較した場合、在留外国人全体に比べると低い増加率になっている」と書いてあります。

・平成10年11月の在留外国人比率：83,025人÷125,653,136人×100＝0.0666…≒0.07％

・昭和63年の在留外国人比率：64,020人÷125,653,136人×100＝0.0509…≒0.05％

平成10年と昭和63年を比べると、0.07％－0.05％＝0.02％です。…**正解は［A］**です。

（３）次のうち文章の内容と一致するものはどれか？

（ア）昭和62年末時点の在留外国人比率は約0.7％である。

（イ）平成９年末時点の永住者と非永住者の比率は42対58である。

（ウ）在留外国人で日本語学習を行っている人は、昭和63年に比べて約1.3倍になった。

［A］アだけ　［B］イだけ　［C］ウだけ　［D］アとイ　［E］アとウ
［F］アとエ　［G］イとウ　［H］どれも当てはまらない

（ア）文中には、昭和62年末時点の日本の総人口について計算するための情報が書かれていません。判断できないため、一致しません。

（イ）文中10行目に、「平成９年末現在、外国人登録者数は148万2,707人で、我が国総人口の1.18パーセントを占める」と書いてあります。また、文中15行目に、「平成９年末現在、永住者は62万5,450人、非永住者は85万7,257人」と書いてあります。

・永住者の比率：62万5,450人÷148万2,707人×＝42.18…≒約42％

・非永住者は、100％－42％＝58％

したがって、永住者：非永住者＝42：58となり、内容と一致します。

（ウ）文中22行目に、「実際に日本語学習を行っている者（独学者を除く。）は、平成10年11月現在で83,025人であり、10年前の昭和63年の64,020人と比較した場合、在留外国人全体に比べると低い増加率になっている」と書いてあります。

平成10年と昭和63年を比べると、83,025人÷64,020人＝1.2968…≒1.3倍となり、内容と一致します。

したがって、一致するのはイとウです。…**正解は［G］**です。

COLUMN 先輩留学生の経験より❷

ベトナム出身、日本の商社で働くBさん
大阪にある大学院に通い、専攻は日本語
留学してすぐに、日本語学校で日本語能力試験1級に合格

Q1.就職活動で筆記試験があることはいつ知りましたか？

就職活動を始めてから、初めてSPIのことを知りました。それまで、就職活動自体のこともあまりよく知らなかったので、始めてみると準備することが多くて大変でした。

Q2.SPIの感想を教えてください。

留学生にとって、とても難しい試験だと思います。私は企業にエントリーする前に勉強をし始めましたが、もっと早くから計画的に準備をすればよかったと思います。

Q3.どのような問題が難しかったですか？

言語問題と非言語問題があり、特に言語問題は難しかったです。語句の意味を問う問題など、その言葉を知らなければわかりません。日常生活で使わない言葉も多く、また、似たような言葉の中から正解を選ぶのは、とても難しかったです。私の正答率は、おそらく半分くらいだったのではないかと思います。それに比べると、長文読解のほうが答えやすかったです。

Q4.日本語能力試験1級に合格していても難しいですか？

はい。私は就職活動を行う8年前に日本語能力試験（JLPT）1級に合格しています。しかし、SPIの問題とはだいぶ違いますので、SPIの対策をしなければ、日常生活で日本語に困らなくても、試験でよい結果を得ることはできないと思います。

言語問題への対策

1 二語関係

重要度：★★★

ふぅ……。何とか乗り切れました。

よく頑張りました！　ここからは「言語問題」です。

言語問題？　私にとっては、すべてが言語問題なのですが……。

それはそうですね。
ここからは、SPIでいう言語問題について勉強していきます。まずは「二語関係」です。

二語関係？　2つの言葉の関係ということですよね？
どんな問題が出るのか、想像できません。

<u>抽象</u>78的なものと<u>具体</u>79的なもの、目的と手段、のような、関係性が同じものを選ぶ問題です。

難しそうですね。抽象的なものと具体的なものというと、「花」と「桜」みたいな感じですか？

そのとおり！　すばらしいですね。
言葉が難しかったら、辞書で調べながら解いてみてください。

言葉の意味さえわかれば、できる気がしてきました！

---

78 **抽象**…複数の物や事から共通することをまとめて捉えること。反対語は「具体」。
79 **具体**…はっきりとした物や事。反対語は「抽象」。

練習問題

1．次の語句で、同じ関係になっているものを選択肢から選びなさい。

日本語レベル：★

（ア）色：白

（イ）ライオン：動物

（ウ）猫：犬

（エ）体：手

［選択肢］

［A］アとイ　［B］アとウ　［C］アとエ

［D］アとイとウ　［E］イとウとエ　［F］アとウとエ

［G］アとイとエ　［H］すべて同じ関係　［I］同じ関係のものはない

練習問題解説

1．次の語句で、同じ関係になっているものを選択肢から選びなさい。

（ア）色：白

（イ）ライオン：動物

（ウ）猫：犬

（エ）体：手

［選択肢］

［A］アとイ　［B］アとウ　［C］アとエ

［D］アとイとウ　［E］イとウとエ　［F］アとウとエ

［G］アとイとエ　［H］すべて同じ関係　［I］同じ関係のものはない

（ア）色：白は、抽象：具体の関係です。右の図のとおり、色の一種が白（**色⊃白**80）です。

（イ）ライオン：動物は、具体：抽象の関係です。ライオンは動物の一種（**ライオン⊂動物**81）です。

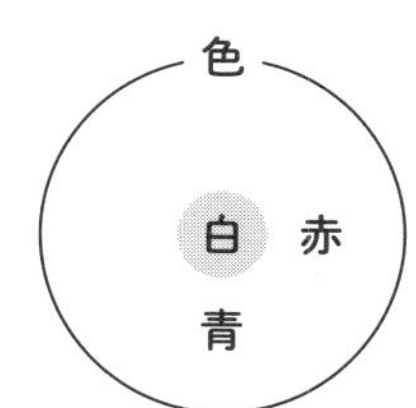

80 **色⊃白**…「色は白を含む」という意味。
81 **ライオン⊂動物**…「ライオンは動物に含まれる」という意味。

（ウ）猫：犬は、並列の関係です。猫と犬は、抽象度が同じ動物の一種（猫・犬⊂動物）です。

（エ）体：手は、抽象：具体の関係です。体の一種が手（体⊂手）です。

同じ関係になっているのは、アとエです。…**正解は［C］です。**

POINT

➜ 2つの言葉の関係を考える。

➜ 言葉の意味がわかれば正解できるので、語彙を増やしておく。

➜ SPI はスピードが重要なので、言葉の意味がわからなかったらとりあえず選んで、すぐに次の問題へ！

実践問題

1．次の語句で、同じ関係になっているものを選択肢から選びなさい。

日本語レベル：★

（ア）チョコレート：カカオ

（イ）チーズ：牛乳

（ウ）机：木

（エ）ブドウ：ワイン

［選択肢］

［A］アとイ　［B］アとウ　［C］アとエ

［D］アとイとウ　［E］イとウとエ　［F］アとウとエ

［G］アとイとエ　［H］すべて同じ関係　［I］同じ関係のものはない

2．次の語句で、同じ関係になっているものを選択肢から選びなさい。

日本語レベル：★★

（ア）生物：植物

（イ）調理：肉

（ウ）栽培：野菜

（エ）輸送：荷物

［選択肢］

［A］アとイ　［B］アとウ　［C］アとエ
［D］アとイとウ　［E］イとウとエ　［F］アとウとエ
［G］アとイとエ　［H］すべて同じ関係　［I］同じ関係のものはない

3．［例］に示された二語の関係と同じ関係の対㉜を作るとき、（　　）に当てはまる適切な語句を選びなさい。

［例］移動：バス
加熱：（　　　）

日本語レベル：★★★

［A］冷却　［B］電子レンジ　［C］牛乳　［D］料理　［E］食品

4．［例］に示された二語の関係と同じ関係の対を作るとき、（　　）に当てはまる適切な語句を選びなさい。

［例］類似：相違
帰納㉝：（　　　）

日本語レベル：★★★★

［A］抽象　［B］散布　［C］明日　［D］個別　［E］演繹㉞

5．［例］に示された二語の関係と同じ関係の対を作るとき、（　　）に当てはまる適切な語句を選びなさい。

［例］鉛筆：ペン
掃除：（　　　）

日本語レベル：★★★★

［A］モップ　［B］洗濯　［C］部屋　［D］家事　［E］掃除機

㉜**対**（つい）…２つそろって１組になるもの。
㉝**帰納**（きのう）…具体的（ぐたいてき）なことから、一般的（いっぱんてき）な規則（きそく）を導（みちび）き出すこと。
㉞**演繹**（えんえき）…一般的（いっぱんてき）な規則（きそく）から、特別な規則（きそく）を導（みちび）き出すこと。

６．［例］に示された二語の関係と同じ関係の対を作るとき、（　　）に当てはまる適切な語句を選びなさい。

［例］医者：手術

客室乗務員：（　　　）

日本語レベル：★★★★

［A］飛行機　［B］運転　［C］配膳　［D］パイロット　［E］添乗員

実践問題解説

１．次の語句で、同じ関係になっているものを選択肢から選びなさい。

（ア）チョコレート：カカオ

（イ）チーズ：牛乳

（ウ）机：木

（エ）ブドウ：ワイン

［選択肢］

［A］アとイ　［B］アとウ　［C］アとエ

［D］アとイとウ　［E］イとウとエ　［F］アとウとエ

［G］アとイとエ　［H］すべて同じ関係　［I］同じ関係のものはない

（ア）チョコレート：カカオは、製品：原料・材料（チョコレートはカカオから作る）の関係です。

（イ）チーズ：牛乳は、製品：原料・材料（チーズは牛乳から作る）の関係です。

（ウ）机：木は、製品：原料・材料（机は木から作る）の関係です。

（エ）ブドウ：ワインは、原料・材料：製品（ブドウからワインを作る）の関係です。

同じ関係になっているのは、アとイとウです。…**正解は［D］**です。

２．次の語句で、同じ関係になっているものを選択肢から選びなさい。

（ア）生物：植物

（イ）調理：肉

（ウ）栽培：野菜

（エ）輸送：荷物

［選択肢］

［A］アとイ　［B］アとウ　［C］アとエ
［D］アとイとウ　［E］イとウとエ　［F］アとウとエ
［G］アとイとエ　［H］すべて同じ関係　［I］同じ関係のものはない

（ア）生物：植物は、抽象：具体（生物の一種は植物）の関係です。
（イ）調理：肉は、作業：対象（肉を調理する）の関係です。
（ウ）栽培：野菜、作業：対象（野菜を栽培する）の関係です。
（エ）輸送：荷物、作業：対象（荷物を輸送する）の関係です。
同じ関係になっているのは、イとウとエです。…**正解は［E］**です。

3．［例］に示された二語の関係と同じ関係の対を作るとき、（　　）に当てはまる適切な語句を選びなさい。

［例］移動：バス
加熱：（　　　）

［A］冷却　［B］電子レンジ　［C］牛乳　［D］料理　［E］食品

移動：バスは、目的：手段（バスで移動する）の関係です。
加熱の手段は電子レンジです。…**正解は［B］**です。

4．［例］に示された二語の関係と同じ関係の対を作るとき、（　　）に当てはまる適切な語句を選びなさい。

［例］類似：相違
帰納：（　　　）

［A］抽象　［B］散布　［C］明日　［D］個別　［E］演繹

類似：相違は、反対（類似 ↔ 相違）の関係です。
帰納の反対は演繹です。…**正解は［E］**です。

5．［例］に示された二語の関係と同じ関係の対を作るとき、（　　）に当てはまる適切な語句を選びなさい。

［例］鉛筆：ペン
掃除：（　　　）

［A］モップ　［B］洗濯　［C］部屋　［D］家事　［E］掃除機

鉛筆：ペンは、並列の関係です。抽象度が同程度（鉛筆・ペンは筆記用具の一種）の関係です。
掃除の並列は洗濯です。…**正解は**［B］です。

6．［例］に示された二語の関係と同じ関係の対を作るとき、（　　）に当てはまる適切な語句を選びなさい。

［例］医者：手術
客室乗務員：（　　　）

［A］飛行機　［B］運転　［C］配膳　［D］パイロット　［E］添乗員

医者：手術は、主体：作業（医者が手術をする）の関係です。
客室乗務員の作業は配膳です。…**正解は**［C］です。

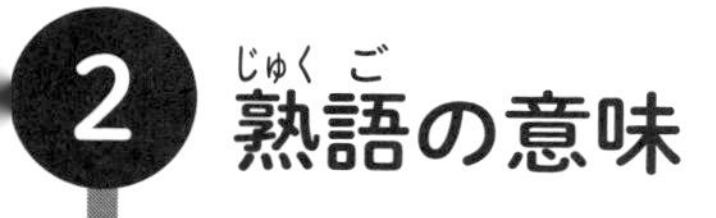

2 熟語の意味

重要度：★★★

「非言語問題」と違って、「言語問題」は単語や漢字が難しいですね。

そうですね。非言語問題よりも言語問題のほうが、知っているかどうかで正解できるかが決まることは多いと思います。次は「**熟語**85の意味」です。

熟語って、何ですか？　単語や語彙とは違うんでしょうか？

2つ以上の単語が結び付いて、1つの単語になっているものが熟語です。

漢字2つでできているような言葉ですか？

そうです。たとえば、「白いと髪で白髪」とか、「上と下で上下」とかです。

この問題も、言葉の意味を知っているかどうかが大事ですね。

練習問題

1．次に示す言葉と最も意味の合う語はどれか？

日本語レベル：★★

人が住むための家

［A］箱庭　［B］家屋　［C］屋根　［D］家賃　［E］家財

85 熟語…2つ以上の漢字や単語で1つの語として成り立つ言葉。

練習問題解説

1．次に示す言葉と最も意味の合う語はどれか？

人が住むための家

［A］箱庭　［B］家屋　［C］屋根　［D］家賃　［E］家財

［A］箱庭は、小さな箱の中に作られた庭のことです。

［C］屋根は、建物の一番上の部分のことです。日光や雨などを建物に入れないためのものです。

［D］家賃は、家を借りるためのお金のことです。

［E］家財は、家にある道具や家具やお金のことです。

…正解は［B］です。

POINT

➜ 意味が似ている熟語が選択肢になることが多いので、正確に意味を覚える。

➜ SPI はスピードが重要なので、熟語の意味がわからなかったらとりあえず選んで、すぐに次の問題へ！

➜ 正解できるはずの問題を解く時間がなくならないように、覚えていないと思った問題に時間をかけないようにする。

実践問題

1．次に示す言葉と最も意味の合う語はどれか？

日本語レベル：★★★

連なって並んでいる島

［A］孤島　［B］半島　［C］大島　［D］列島　［E］島国

2．次に示す言葉と最も意味の合う語はどれか？

日本語レベル：★★★

世の中のありさま

［A］世界　［B］世相　［C］現世　［D］世継　［E］世襲

3．次に示す言葉と最も意味の合う語はどれか？

日本語レベル：★★★★

事情を考えた、心のこもった取り扱い

［A］配慮　［B］憂慮　［C］懸念　［D］心配　［E］考案

4．次に示す言葉と最も意味の合う語はどれか？

日本語レベル：★★★★

自分の能力を高く評価しすぎないで、控え目にふるまうこと

［A］謙遜　［B］卑屈　［C］上品　［D］寛大　［E］思慮

5．次に示す言葉と最も意味の合う語はどれか？

日本語レベル：★★★★

何かを忘れていること

［A］損失　［B］忘年　［C］喪失　［D］怨念　［E］失念

6．次に示す言葉と最も意味の合う語はどれか？

日本語レベル：★★★★

だんだんと

［A］団々　［B］漸次　［C］一挙　［D］増進　［E］徐行

実践(じっせん)問題解説(かいせつ)

1．次に示す言葉と最(もっと)も意味の合う語はどれか？

連なって並(なら)んでいる島

［A］孤島(ことう)　［B］半島(はんとう)　［C］大島(おおしま)　［D］列島　［E］島国(しまぐに)

［A］孤島(ことう)は、１つだけある島です。

［B］半島(はんとう)は、海に突き出た陸地です。

［C］大島は、島の名前の一部です。たとえば、伊豆大島や奄美大島などがあります。
［E］島国は、日本のように周りを海に囲まれた国です。
…**正解は［D］**です。

2．次に示す言葉と最も意味の合う語はどれか？
世の中のありさま
［A］世界　［B］世相　［C］現世　［D］世継　［E］世襲

［A］世界は、地球全体のことです。
［C］現世は、今の時代のことです。
［D］世継は、王位などの身分を引き継いでいくこと、または引き継ぐ人のことです。
［E］世襲は、王位などの身分をその家の子が引き継いでいくことです。
…**正解は［B］**です。

3．次に示す言葉と最も意味の合う語はどれか？
事情を考えた、心のこもった取り扱い
［A］配慮　［B］憂慮　［C］懸念　［D］心配　［E］考案

［B］憂慮は、実際に起きていることについて心配することです。
［C］懸念は、悪いことが起きるのではないかと心配することです。
［D］心配は、不安に思い、気にすることです。
［E］考案は、工夫して考え出すことです。
…**正解は［A］**です。

4．次に示す言葉と最も意味の合う語はどれか？
自分の能力を高く評価しすぎないで、控え目にふるまうこと
［A］謙遜　［B］卑屈　［C］上品　［D］寛大　［E］思慮

［B］卑屈は、必要以上に自分を低く見て、自分を見下した態度を取ることです。
［C］上品は、見た目の様子や性格がよいことです。
［D］寛大は、心が広く思いやりがあることです。

［E］思慮は、いろいろと考え、気づかうことです。
…**正解は**［A］です。

5．次に示す言葉と最も意味の合う語はどれか？
何かを忘れていること

［A］損失　［B］忘年　［C］喪失　［D］怨念　［E］失念

［A］損失は、利益を失うことです。
［B］忘年は、その年の苦労を忘れることです。日本では、年末に忘年会が行われることがあります。
［C］喪失は、何かをなくすことです。
［D］怨念は、うらみに思う気持ちです。
…**正解は**［E］です。

6．次に示す言葉と最も意味の合う語はどれか？
だんだんと

［A］団々　［B］漸次　［C］一挙　［D］増進　［E］徐行

［A］団々は、丸い様子です。
［C］一挙は、１回の行動のことです。
［D］増進は、活動や能力が増えていくことです。
［E］徐行は、すぐに止まれるくらいのゆっくりした速さで運転することです。
…**正解は**［B］です。

3 語句の用法

重要度：★★★

先生、知らない熟語が多くて覚えるのが大変です。

熟語はSPIだけではなく、日本で仕事をするうえで知っていたほうがよい言葉も多いので、少しずつ覚えていきましょう。次は、「語句の用法86」です。いろいろな使い方ということです。

いくつかの意味がある言葉ということですか？　たとえば、「られる」とかでしょうか。
可能形の「られる」と、受け身形の「られる」を見分けるのが難しくて、よく意味を間違えます。

よく出る問題から、覚えていきましょう。知識を増やしていけば回答できるようになりますよ！

ノートにリストを作って、何度も見て忘れないようにします！

練習問題

1．次の文章の下線部の意味を考え、最も近い意味で使われているものを選びなさい。

日本語レベル：★★

私が書いた文章が、新聞に<u>のる</u>

［A］電車に<u>のる</u>　［B］調子に<u>のる</u>
［C］新しい道が地図に<u>のる</u>　［D］リズムに<u>のる</u>

86 用法…使い方のこと。

練習問題解説

1．次の文章の下線部の意味を考え、最も近い意味で使われているものを選びなさい。

私が書いた文章が、新聞にのる

［A］電車にのる　　［B］調子にのる

［C］新しい道が地図にのる　　［D］リズムにのる

新聞にのる（載る）は、印刷されたものに掲載されるという意味です。

［A］電車にのるの「のる」（乗る）は、乗り物の上に身を置いて移動するという意味です。

［B］調子にのるの「のる」（乗る）は、自分がしていることに満足して調子がよくなるという意味です。

［C］新しい道が地図にのるの「のる」（載る）は、印刷されたものに掲載されるという意味です。

［D］リズムにのるの「のる」（乗る）は、音楽の調子にうまく合うという意味です。

…正解は［C］です。

POINT

- → 複数の意味を、使い方と一緒に覚える。
- → 問題のパターンは以下の３種類
  - 1）同じ読み方の動詞や名詞
  - 2）目や手など、体の一部などを使った特別な意味の語
  - 3）助詞の使い方
- → 助詞の使い方は、言い換えてみるとわかりやすい。

実践問題

1．次の文章の下線部の意味を考え、最も近い意味で使われているものを選びなさい。

日本語レベル：★★

弟が医者<u>に</u>なった

［A］午後は家<u>に</u>いる　［B］マンガが映画<u>に</u>なる　［C］本を買い<u>に</u>行く
［D］先生<u>に</u>ほめられる　［E］踊り<u>に</u>踊って疲れた

2．次の文章の下線部の意味を考え、最も近い意味で使われているものを選びなさい。

日本語レベル：★★

バス<u>で</u>行く

［A］かぜ<u>で</u>休む　［B］大雪<u>で</u>電車が止まる　［C］はさみ<u>で</u>切る
［D］公園<u>で</u>ご飯を食べる　［E］皆<u>で</u>問題を解く

3．次の文章の下線部の意味を考え、最も近い意味で使われているものを選びなさい。

日本語レベル：★★★

部下の失敗で、<u>顔</u>をつぶされた

［A］悲しい<u>顔</u>をした人　［B］あのアイドルは<u>顔</u>が売れている
［C］この業界では<u>顔</u>が広い　［D］大きい<u>顔</u>をするのはよくない
［E］参加者がたくさん来てくれないと、<u>顔</u>が立たない

4．次の文章の下線部の意味を考え、最も近い意味で使われているものを選びなさい。

日本語レベル：★★★

苦悩の<u>味</u>を知る

［A］<u>味</u>を占めて何度も繰り返す　［B］料理の<u>味</u>が薄い　［C］<u>味</u>のある絵画
［D］<u>味</u>なはからいをしてくれる　［E］苦<u>味</u>の強いコーヒー

5．次の文章の下線部の意味を考え、最も近い意味で使われているものを選びなさい。

日本語レベル：★★★

学問をおさめる

［A］国をおさめる　［B］金庫におさめる　［C］フランス語をおさめる
［D］成果をおさめる　［E］年会費をおさめる

6．次の文章の下線部の意味を考え、最も近い意味で使われているものを選びなさい。

日本語レベル：★★★

時間に遅れないようにしてください

［A］母のように優しい人になりたいです
［B］夏のように暑い日でした
［C］このスマートフォンは壊れているように見えます
［D］太らないように毎日運動しています
［E］よくご注意くださいますようにお願いします

実践問題解説

1．次の文章の下線部の意味を考え、最も近い意味で使われているものを選びなさい。

弟が医者になった

［A］午後は家にいる　［B］マンガが映画になる　［C］本を買いに行く
［D］先生にほめられる　［E］踊りに踊って疲れた

弟が医者になったの「に」は、変化の結果を表します。
［A］午後は家にいるの「に」は、場所を表します。
［B］マンガが映画になるの「に」は、変化の結果を表します。
［C］本を買いに行くの「に」は、目的を表します。
［D］先生にほめられるの「に」は、受け身の表現です。
［E］踊りに踊って疲れたの「に」は、強調の表現です。
…**正解は**［B］です。

2．次の文章の下線部の意味を考え、最も近い意味で使われているものを選びなさい。

バスで行く

［A］かぜで休む　［B］大雪で電車が止まる　［C］はさみで切る
［D］公園でご飯を食べる　［E］皆で問題を解く

バスで行くの「で」は、手段を表します。
［A］かぜで休むの「で」は、理由を表します。
［B］大雪で電車が止まるの「で」は、理由を表します。
［C］はさみで切るの「で」は、手段を表します。
［D］公園でご飯を食べるの「で」は、場所を表します。
［E］皆で問題を解くの「で」は、状態を表します。
…**正解は**［C］です。

3．次の文章の下線部の意味を考え、最も近い意味で使われているものを選びなさい。

部下の失敗で、顔をつぶされた

［A］悲しい顔をした人　［B］あのアイドルは顔が売れている
［C］この業界では顔が広い　［D］大きい顔をするのはよくない
［E］参加者がたくさん来てくれないと、顔が立たない

部下の失敗で、顔をつぶされたの「顔」は、周りの人からのよい評価を意味します。
［A］悲しい顔をした人の「顔」は、気持ちを表す顔の様子を意味します。
［B］あのアイドルは顔が売れているの「顔」は、有名なことを意味します。
［C］この業界では顔が広いの「顔」は、有名なことを意味します。
［D］大きい顔をするのはよくないの「顔」は、偉そうな態度を意味します。
［E］参加者がたくさん来てくれないと、顔が立たないの「顔」は、周りの人からのよい評価を意味します。
…**正解は**［E］です。

4．次の文章の下線部の意味を考え、最も近い意味で使われているものを選びなさい。

苦悩の味を知る

[A] 味を占めて何度も繰り返す　[B] 料理の味が薄い　[C] 味のある絵画
[D] 味なはからいをしてくれる　[E] 苦味の強いコーヒー

苦悩の味を知るは、経験を表します。
[A] 味を占めて何度も繰り返すの「味」は、経験を表します。
[B] 料理の味が薄いの「味」は、舌の感じ（味覚）を意味します。
[C] 味のある絵画の「味」は、深みがあることを意味します。
[D] 味なはからいをしてくれるの「味」は、気が利いていることを意味します。
[E] 苦味の強いコーヒーの「味」は、舌の感じ（味覚）を意味します。
…**正解は** [A] です。

5．次の文章の下線部の意味を考え、最も近い意味で使われているものを選びなさい。

学問をおさめる

[A] 国をおさめる　[B] 金庫におさめる　[C] フランス語をおさめる
[D] 成果をおさめる　[E] 年会費をおさめる

学問をおさめるの「おさめる」（修める）は、身につけるという意味です。
[A] 国をおさめるの「おさめる」（治める）は、統治するという意味です。
[B] 金庫におさめるの「おさめる」（収める）は、しまう意味です。
[C] フランス語をおさめるの「おさめる」（修める）は、身につけるという意味です。
[D] 成果をおさめるの「おさめる」（収める）は、結果として手に入れるという意味です。
[E] 年会費をおさめるの「おさめる」（納める）は、お金を払うという意味です。
…**正解は** [C] です。

6．次の文章の下線部の意味を考え、最も近い意味で使われているものを選びなさい。

時間に遅れないようにしてください

［A］母のように優しい人になりたいです
［B］夏のように暑い日でした
［C］このスマートフォンは壊れているように見えます
［D］太らないように毎日運動しています
［E］よくご注意くださいますようにお願いします

時間に遅れないようにしてくださいの「ように」は、話している人の希望を表します。

［A］母のように優しい人になりたいですの「ように」は、例を表します。
［B］夏のように暑い日でしたの「ように」は、似ていることを表します。
［C］このスマホは壊れているように見えますの「ように」は、確かではないが見たときの様子を表します。
［D］太らないように毎日運動していますの「ように」は、目的を表します。
［E］よくご注意くださいますようにお願いしますの「ように」は、話している人の希望を表します。

…**正解は**［E］です。

文法

重要度：★★★★★

似たような文章でも語句の意味が違うのは、何度か解かないとわからないですね。

「語句の用法」も、繰り返し解くことで、回答スピードが上がる問題です。次の「文法」も、同じことが言えますね。

SPI で出る文法って、JLPT や EJU の文法の問題と同じですか？

SPI での文法は、「働き」や「性質」が問題になっています。JLPT や EJU の問題とは、ちょっと違います。

そうですか。難しいですか？

これまでの自分の国の言葉の文法や、日本語の文法をしっかり勉強していれば、すぐにわかりますよ。練習してみましょう！

これまで、しっかり……。あ、これからは頑張ります！

練習問題

1．次の文章の下線部について、文法上の働きが同じものはどれか？

日本語レベル：★

あなたの言っていることはわからない。

［A］それは私の本だ。［B］どこに行くの。［C］先生の来たことを皆に言う。

練習問題解説

1．次の文章の下線部について、文法上の働きが同じものはどれか？
あなたの言っていることはわからない。

［A］それは私の本だ。［B］どこに行くの。［C］先生の来たことを皆に言う。

①「の」の前と後の品詞87を確認します。
あなた の 言っていることはわからない。
↑主語　↑述語

②「の」を他の言葉で言い換えられるかを確認します。
あなたの言っていることはわからない。
⇒あなたが言っている ←言い換え可能

［A］それは私の本だの「の」は、私が所有する本であることを表します。
［B］どこに行くのの「の」は、文末に使い質問を表します。
［C］先生の来たことを皆に言うの「の」は、①主語・述語の関係であり、②「が」で言い換えができます。

…**正解は**［C］です。

POINT

- **→ 品詞を考える。**
- **→ 下線部がどのような役割をしているか考える。**
- **→ 下線部の意味を考える。**
- **→ 下線部の文法（〇〇形など）を考える。**

87 **品詞**…単語の分類のことで、名詞、動詞、形容詞、接続詞などがある。

実践問題

1．次の文章の下線部について、文法上の働きが同じものはどれか？

日本語レベル：★★

わからないのはこの問題だ。

［A］静かに話を聞くのは難しい。　［B］雨の降る時間だ。
［C］りんごのような赤いほほだ。

2．次の文章の下線部について、文法上の働きが同じものはどれか？

日本語レベル：★★

事故で電車が遅れる。

［A］ここで勉強したい。　［B］鉛筆で書いてもよい。
［C］バスで家に帰ることになった。　［D］かぜで学校を休んだ。
［E］今ではもうビルは新しくなっている。

3．次の文章の下線部について、文法上の働きが同じものはどれか？

日本語レベル：★★

母からメールが来た。

［A］注意しなかったから、けがをしてしまった。
［B］紙は木から作られる。
［C］このメニューは３名から注文できる。
［D］その話は誰から聞いたのだ？
［E］午後９時から授業が始まる。

4．次の文章の下線部について、文法上の働きが同じものはどれか？

日本語レベル：★★

昨日渡された宿題がない。

［A］この部屋に、私の教科書はない。
［B］先生の言ったことが全然わからない。
［C］この問題しかできない。
［D］誰もこの人形をほしがらない。
［E］日本では少ししかアルバイトができない。

5．次の文章の下線部について、文法上の働きが同じものはどれか？

日本語レベル：★★★

母によると、いとこはもう10歳らしい。

［A］かわいらしいイヤリングをしている。

［B］あの先生が今度の担任らしい。

［C］学生らしい服装をしなさいと叱られた。

［D］わざとらしい態度はやめたほうがいい。

［E］夕食らしい夕食は、まだ食べていない。

6．次の文章の下線部について、文法上の働きが他と異なるものはどれか？

日本語レベル：★★★★

［A］先生にほめられる。

［B］駅前にショッピングモールが建てられる。

［C］皆の前で発表させられる。

［D］隣の席の人に、いつもテストの答案を見られる。

［E］春の訪れが感じられる。

実践問題解説

1．次の文章の下線部について、文法上の働きが同じものはどれか？

わからないのはこの問題だ。

［A］静かに話を聞くのは難しい。　［B］雨の降る時間だ。

［C］りんごのような赤いほほだ。

わからないのはこの問題だの「の」は、「の」を「こと」や「もの」に言い換えられます。

［A］静かに話を聞くのは難しいの「の」は、「の」を「こと」や「もの」に言い換えられます。

［B］雨の降る時間だの「の」は、「の」を「が」に言い換えられます。

［C］りんごのような赤いほほだの「の」は、「のような」の一部で、似ていることを表します。

…**正解は**［A］です。

2．次の文章の下線部について、文法上の働きが同じものはどれか？
事故で電車が遅れる。

［A］ここで勉強したい。　［B］鉛筆で書いてもよい。
［C］バスで家に帰ることになった。　［D］かぜで学校を休んだ。
［E］今ではもうビルは新しくなっている。

事故で電車が遅れるの「で」は、「で」が理由を表します。
［A］ここで勉強したいの「で」は、動作を行う場所を表します。
［B］鉛筆で書いてもよいの「で」は、手段を表します。
［C］バスで家に帰ることになったの「で」は、道具を表します。
［D］かぜで学校を休んだの「で」は、理由を表します。
［E］今ではもうビルは新しくなっているの「で」は、「では」の一部で、時間の範囲を表します。
…**正解は**［D］です。

3．次の文章の下線部について、文法上の働きが同じものはどれか？
母からメールが来た。

［A］注意しなかったから、けがをしてしまった。
［B］紙は木から作られる。
［C］このメニューは３名から注文できる。
［D］その話は誰から聞いたのだ？
［E］午後９時から授業が始まる。

母からメールが来たの「から」は、「から」がメールを送るという動作をした人を表します。
［A］注意しなかったから、けがをしてしまったの「から」は、理由を表します。
［B］紙は木から作られるの「から」は、原料を表します。
［C］このメニューは３名から注文できるの「から」は、「以上でなら」という意味です。
［D］その話は誰から聞いたのだの「から」は、話を教えたという動作をした人を表します。
［E］午後９時から授業が始まるの「から」は、時間の始まりを表します。
…**正解は**［D］です。

４．次の文章の下線部について、文法上の働きが同じものはどれか？
昨日渡された宿題がない。

［Ａ］この部屋に、私の教科書はない。
［Ｂ］先生の言ったことが全然わからない。
［Ｃ］この問題しかできない。
［Ｄ］誰もこの人形をほしがらない。
［Ｅ］日本では少ししかアルバイトができない。

昨日渡された宿題がないの「ない」は、存在（ある・ない）を意味します。
［Ａ］この部屋に、私の教科書はないの「ない」は、存在（ある・ない）を意味します。
［Ｂ］先生の言ったことが全然わからないの「ない」は、否定を意味します。
［Ｃ］この問題しかできないの「ない」は、否定を意味します。
［Ｄ］誰もこの人形をほしがらないの「ない」は、否定を意味します。
［Ｅ］日本では少ししかアルバイトができないの「ない」は、否定を意味します。
…**正解は**［**Ａ**］です。

５．次の文章の下線部について、文法上の働きが同じものはどれか？
母によると、いとこはもう10歳らしい。

［Ａ］かわいらしいイヤリングをしている。
［Ｂ］あの先生が今度の担任らしい。
［Ｃ］学生らしい服装をしなさいと叱られた。
［Ｄ］わざとらしい態度はやめたほうがいい。
［Ｅ］夕食らしい夕食は、まだ食べていない。

母によると、いとこはもう10歳らしいの「らしい」は、**伝聞**88を表します。
［Ａ］かわいらしいイヤリングをしているの「らしい」は、形容詞「かわいらしい」の一部です。
［Ｂ］あの先生が今度の担任らしいの「らしい」は、伝聞を表します。
［Ｃ］学生らしい服装をしなさいと叱られたの「らしい」は、学生にふさわしいことを表します。

88 **伝聞**…直接に見たり聞いたりして知ったのではなく、人やニュースから知ること。

［D］わざとらしい態度はやめたほうがいいの「らしい」は、形容詞「わざとらしい」の一部です。

［E］夕食らしい夕食は、まだ食べていないの「らしい」は、夕食にふさわしいことを表します。

…**正解は**［B］です。

6．次の文章の下線部について、文法上の働きが他と異なるものはどれか？

［A］先生にほめられる。

［B］駅前にショッピングモールが建てられる。

［C］皆の前で発表させられる。

［D］隣の席の人に、いつもテストの答案を見られる。

［E］春の訪れが感じられる。

［A］先生にほめられるの「られる」は、受け身を表します。

［B］駅前にショッピングモールが建てられるの「られる」は、受け身を表します。

［C］皆の前で発表させられるの「られる」は、受け身を表します。

［D］隣の席の人に、いつもテストの答案を見られるの「られる」は、受け身を表します。

［E］春の訪れが感じられるの「られる」は、**自発**89を表します。

…**正解は**［E］です。

89 **自発**…自然に起こること。

5 文の並べ替え

重要度：★★★★★

次は、知識の問題から文章読解の問題に移ります。「文の**並べ替え**90」です。

文の並べ替えの問題は、日本語の教科書やJLPTにも出てきました！

SPIで出る文の並べ替えも、日本語の教科書やJLPTに出てくる問題が解ければ、同じようにできますよ。

本当ですか！　知っている問題がSPIにもあって、安心しました。

ただし！　SPIはスピードが大事ですから、問題を解くコツを知って、急いで終わらせる必要がありますよ。

わかりました！

練習問題

1．次の文章を並べ替えて、意味の通る文章にしなさい。

日本語レベル：★★

（ア）でも、私はたくさん宿題がありましたから、行けないと言いました。
（イ）すると、友だちも『実は私もたくさん宿題がある』と言いました。
（ウ）今朝、友だちに遊びに行こうと言われました。
（エ）ですから、私たちは一緒に宿題をすることにしました。

90 **並べ替え**…順番を変えること。

[A] ア・イ・ウ・エ　[B] ア・ウ・イ・エ　[C] イ・ア・ウ・エ
[D] ウ・ア・イ・エ　[E] ウ・ア・エ・イ　[F] ウ・イ・ア・エ
[G] ウ・イ・エ・ア　[H] ウ・エ・ア・イ　[I] ウ・エ・イ・ア

練習問題解説

1．次の文章を並べ替えて、意味の通る文章にしなさい。

（ア）でも、私はたくさん宿題がありましたから、行けないと言いました。
（イ）すると、友だちも『実は私もたくさん宿題がある』と言いました。
（ウ）今朝、友だちに遊びに行こうと言われました。
（エ）ですから、私たちは一緒に宿題をすることにしました。

[A] ア・イ・ウ・エ　[B] ア・ウ・イ・エ　[C] イ・ア・ウ・エ
[D] ウ・ア・イ・エ　[E] ウ・ア・エ・イ　[F] ウ・イ・ア・エ
[G] ウ・イ・エ・ア　[H] ウ・エ・ア・イ　[I] ウ・エ・イ・ア

接続詞がないため、ウが1番だとわかります。
それぞれの接続詞は、次のように使います。
・でも：反対のことを書くとき
・すると：前の文章を受けて、続いて何かを書くとき
・ですから：これまでの文章を受けて、結果を書くとき
したがって、アが2番、イが3番、エが4番だとわかります。…**正解は [D]** です。

POINT

→「接続詞」を必ずチェックする。
→「この」「その」などの言葉もチェックする。
→ 意味がわかる文章からつなげていく。
→ 全体を組合せて、意味がわかる文章にする。

実践問題

１．次の文章を並べ替えて、意味の通る文章にしなさい。

日本語レベル：★★★

（ア）「つくりおき」とは、１回に料理をたくさん作って、その料理を全部食べないで、置いておくことです。
（イ）このごろ、「つくりおき」がはやっています。
（ウ）最近では、両親が働いている家族が多いので、毎日新しくご飯を作る時間がありません。
（エ）どうして、「つくりおき」がはやっているのでしょうか。
（オ）だから、週末など時間があるときにたくさん作っておいて、平日は「つくりおき」を食べる家族が増えているのです。

［A］ア・イ・エ・ウ・オ　［B］ア・ウ・エ・オ・イ　［C］ア・エ・オ・イ・ウ
［D］イ・ア・ウ・エ・オ　［E］イ・ア・エ・ウ・オ　［F］イ・エ・ウ・ア・オ
［G］ウ・ア・イ・エ・オ　［H］ウ・ア・エ・オ・イ　［I］ウ・エ・イ・オ・ア

２．次の文章を並べ替えて、意味の通る文章にしなさい。

日本語レベル：★★★★

（ア）日本の会社は、女性に優しくないという話をよく聞きます。
（イ）このように、女性が長く働いて、キャリアをつんでいくことを支援する環境がない会社が、日本には少なからずあるようです。
（ウ）最近は、そのような会社を減らしていこうとする動きがあります。
（エ）たとえば、「女性は結婚して会社を辞めるかもしれないから、あまり採用しないでおこう」と考える会社があるそうです。
（オ）また、子どもを産むためのお休みである「産休」や、子どもを育てるためのお休みである「育休」が取れない会社もあると聞きます。

［A］ア・イ・エ・オ・ウ　［B］ア・ウ・エ・オ・イ　［C］ア・エ・オ・イ・ウ
［D］ア・エ・オ・ウ・イ　［E］ア・エ・イ・オ・ウ　［F］ア・エ・ウ・イ・オ
［G］ア・エ・イ・ウ・オ　［H］ウ・エ・オ・イ・ア　［I］ウ・エ・イ・オ・ア

3．次の文中の空欄にア～オの語句を入れて文章を完成させるとき、4番目に入る文を選びなさい。

日本語レベル：★★★★

アボカドとは、（1）、（2）（3）、（4）（5）。

［ア］黒だったりするのに対し

［イ］中央アメリカ原産の果実で

［ウ］果実の色は薄い緑色か黄色をしており

［エ］皮の色は緑だったり

［オ］栄養が豊富なため、「森のバター」と呼ばれている

［A］ア　［B］イ　［C］ウ　［D］エ　［E］オ

4．次の文章を意味が通るように並べ替えたとき、ウの次になる文を選びなさい。

日本語レベル：★★★★★

［ア］その後、江戸91時代には一般的に「Imari」の名で呼ばれるようになった。

［イ］「有田焼」とは、主に佐賀県有田市で焼かれる磁器92のことである。

［ウ］「有田焼」「伊万里焼」は、17世紀初期から生産が開始され、日本国内だけでなく中国などの海外にも輸出された。

［エ］その磁器が伊万里港から他の地域へ送り出されたことから、「伊万里焼」と呼ばれることもある。

［オ］しかし、明治93以降、有田地区で作られた磁器を「有田焼」、伊万里地区で作られた磁器を「伊万里焼」と呼んで区別するようになった。

［A］ア　［B］イ　［C］エ　［D］オ　［E］ウが最後の文

91 江戸（えど）…日本の年号（和暦（われき））の一つ。1603年～1868年10月22日。

92 磁器（じき）…うつわの一種。軽くて丈夫であり家庭用の食器にも多く使用されている。

93 明治（めいじ）…日本の年号（和暦（われき））の一つ。1868年10月23日～1912年7月30日。

実践問題解説

1．次の文章を並べ替えて、意味の通る文章にしなさい。

（ア）「つくりおき」とは、1回に料理をたくさん作って、その料理を全部食べないで、置いておくことです。

（イ）このごろ、「つくりおき」がはやっています。

（ウ）最近では、両親が働いている家族が多いので、毎日新しくご飯を作る時間がありません。

（エ）どうして、「つくりおき」がはやっているのでしょうか。

（オ）だから、週末など時間があるときにたくさん作っておいて、平日は「つくりおき」を食べる家族が増えているのです。

［A］ア・イ・エ・ウ・オ　［B］ア・ウ・エ・オ・イ　［C］ア・エ・オ・イ・ウ
［D］イ・ア・ウ・エ・オ　［E］イ・ア・エ・ウ・オ　［F］イ・エ・ウ・ア・オ
［G］ウ・ア・イ・エ・オ　［H］ウ・ア・エ・オ・イ　［I］ウ・エ・イ・オ・ア

※まず、テーマを出します。
（イ）このごろ、「つくりおき」がはやっています。
※次に、テーマの語の説明をします。
（ア）「つくりおき」とは、1回に料理をたくさん作って、その料理を全部食べないで、置いておくことです。
※テーマから内容を広げるために質問をします。
（エ）どうして、「つくりおき」がはやっているのでしょうか。
※質問に対する答えを示します。
（ウ）最近では、両親が働いている家族が多いので、毎日新しくご飯を作る時間がありません。
※上記（ウ）を理由にして、さらに答えを説明します。
（オ）だから、週末など時間があるときにたくさん作っておいて、平日は「つくりおき」を食べる家族が増えているのです。

…**正解は［E］です。**

2．次の文章を並べ替えて、意味の通る文章にしなさい。

（ア）日本の会社は、女性に優しくないという話をよく聞きます。

（イ）このように、女性が長く働いて、キャリアをつんでいくことを支援する環境がない会社が、日本には少なからずあるようです。

（ウ）最近は、そのような会社を減らしていこうとする動きがあります。

（エ）たとえば、「女性は結婚して会社を辞めるかもしれないから、あまり採用しないでおこう」と考える会社があるそうです。

（オ）また、子どもを産むためのお休みである「産休」や、子どもを育てるためのお休みである「育休」が取れない会社もあると聞きます。

［A］ア・イ・エ・オ・ウ　［B］ア・ウ・エ・オ・イ　［C］ア・エ・オ・イ・ウ
［D］ア・エ・オ・ウ・イ　［E］ア・エ・イ・オ・ウ　［F］ア・エ・ウ・イ・オ
［G］ア・エ・イ・ウ・オ　［H］ウ・エ・オ・イ・ア　［I］ウ・エ・イ・オ・ア

※まず、テーマを出します。

（ア）日本の会社は、女性に優しくないという話をよく聞きます。

※次に、テーマの例を出します。

（エ）たとえば、「女性は結婚して会社を辞めるかもしれないから、あまり採用しないでおこう」と考える会社があるそうです。

※テーマの別の例を出します。

（オ）また、子どもを産むためのお休みである「産休」や、子どもを育てるためのお休みである「育休」が取れない会社もあると聞きます。

※上記（エ）（オ）を受けて、テーマの内容をまとめます。

（イ）このように、女性が長く働いて、キャリアをつんでいくことを支援する環境がない会社が、日本には少なからずあるようです。

※上記（イ）の「女性が長く働いて、キャリアをつんでいくことを支援する環境がない会社」を指示語で受けて、説明を続けます。

（ウ）最近は、そのような会社を減らしていこうとする動きがあります。

…**正解は**［C］です。

３．次の文中の空欄にア〜オの語句を入れて文章を完成させるとき、４番目に入る文を選びなさい。

アボカドとは、（１）、（２）（３）、（４）（５）。

［ア］黒だったりするのに対し
［イ］中央アメリカ原産の果実で
［ウ］果実の色は薄い緑色か黄色をしており
［エ］皮の色は緑だったり
［オ］栄養が豊富なため、「森のバター」と呼ばれている

［A］ア　［B］イ　［C］ウ　［D］エ　［E］オ

※まず、文章の最後は、接続の形ではないものを選びます。
［オ］栄養が豊富なため、「森のバター」と呼ばれている
※「〜たり〜たり」をつなげます。
［エ］皮の色は緑だったり［ア］黒だったりするのに対し
※皮の色に対し、実の色の説明がつながります。
［ウ］果実の色は薄い緑色か黄色をしており
※皮の色、実の色、栄養の説明がつながるため、果実であることの説明は最初になることがわかります。
したがって、［イ］［エ］［ア］［ウ］［オ］の順になります。
…**正解は**［C］です。

４．次の文章を意味が通るように並べ替えたとき、ウの次になる文を選びなさい。

［ア］その後、江戸時代には一般的に「Imari」の名で呼ばれるようになった。
［イ］「有田焼」とは、主に佐賀県有田市で焼かれる磁器のことである。
［ウ］「有田焼」「伊万里焼」は、17世紀初期から生産が開始され、日本国内だけでなく中国などの海外にも輸出された。
［エ］その磁器が伊万里港から他の地域へ送り出されたことから、「伊万里焼」と呼ばれることもある。
［オ］しかし、明治以降、有田地区で作られた磁器を「有田焼」、伊万里地区で作られた磁器を「伊万里焼」と呼んで区別するようになった。

［A］ア　［B］イ　［C］エ　［D］オ　［E］ウが最後の文

※まず、テーマを出します。

［イ］「有田焼」とは、主に佐賀県有田市で焼かれる磁器のことである。
※上記［イ］の「佐賀県有田市で焼かれる磁器」を指示語で受けて、説明を続けます。
［エ］その磁器が伊万里港から他の地域へ送り出されたことから、「伊万里焼」と呼ばれることもある。
※上記［イ］［エ］の「有田焼」「伊万里焼」の両方について説明します。
［ウ］「有田焼」「伊万里焼」は、17世紀初期から生産が開始され、日本国内だけでなく中国などの海外にも輸出された。
※時代の流れとともに呼び名が変わっていったことを説明します。
［ア］その後、江戸時代には一般的に「Imari」の名で呼ばれるようになった。
［オ］しかし、明治以降、有田地区で作られた磁器を「有田焼」、伊万里地区で作られた磁器を「伊万里焼」と呼んで区別するようになった。
…**正解は**［A］です。
※［ウ］～［オ］は、江戸と明治という和暦の関係性がわかっていれば、正しく並べられます。

6 空欄補充

重要度：★★★★★

まだまだ時間がかかってしまいます。もっと速く解かないといけませんね。

おや、SPIのトレーニングをしている感じになってきましたね。その調子で速く解けるように繰り返し練習していきましょう。次は「**空欄補充**94」の問題です。

空欄補充の問題は知っています！　文章に空いているところがあって、そこに入る語を選ぶんですよね。

そのとおりです。SPIで出る空欄補充の問題では、長めの文章が出題されるので、読解問題に近いです。

読解問題ですか……。意味がわからない言葉が出てくると気になってしまって、全体を読み終わるのに時間がかかってしまいます。

SPIの空欄補充の問題では、全部の言葉の意味がわかる必要はありません。空欄の前後の文の意味を理解できるよう、頑張りましょう。

そうなんですね！　わかりました。空欄の前後を中心に考えるようにします。

94 **空欄補充**…文章中の空いている部分に、文章が成り立つように適切な言葉を入れること。

練習問題

1．文中の［　　］に入る最も適切な語を選びなさい。

日本語レベル：★★

どんな人でも、寝ることは必要です。全然寝ない日が何日も続くと、いつもできていることができなくなってしまいます。それでは、どのくらい寝るのがいいのでしょうか。［　　　］赤ちゃんは15時間くらいで、大人になると7時間くらいがちょうどいいといいます。自分にとって必要な睡眠時間が不足しないように、生活リズムを整えることが大切です。

［A］しかし　［B］そして　［C］だから　［D］また　［E］たとえば

練習問題解説

1．文中の［　　］に入る最も適切な語を選びなさい。

どんな人でも、寝ることは必要です。全然寝ない日が何日も続くと、いつもできていることができなくなってしまいます。それでは、どのくらい寝るのがいいのでしょうか。［　　　］赤ちゃんは15時間くらいで、大人になると7時間くらいがちょうどいいといいます。自分にとって必要な睡眠時間が不足しないように、生活リズムを整えることが大切です。

［A］しかし　［B］そして　［C］だから　［D］また　◎［E］たとえば

空欄の前後の文を確認します。

「どのくらい寝るのがいいのでしょうか」の例として、「赤ちゃんは15時間くらい」「大人になると7時間くらい」と書いてあります。例を書くときの接続詞「たとえば」が適切です。…**正解は**［E］です。

語彙

・睡眠＝寝る
・不足する＝足りない、十分ではない
・整える＝きちんとする、よくまとめる

POINT

→ 難(むずか)しい言葉やわからない言葉が出てきても、あきらめないようにしよう！

→［空欄(くうらん)］の前の文と後ろの文のつながりを考える。

→ 選択肢(せんたくし)になることが多い「接続詞(せつぞくし)」「オノマトペ95」「熟語(じゅくご)」をできるだけ覚(おぼ)えておく。

実践(じっせん)問題

１．次の文章を読んで、設問に答えなさい。

日本語レベル：★★★

私は、待つことが嫌いな性格である。この間も、妻と映画を観に行くとき、妻の準備が遅くて、とても［　ア　］した。しかし、妻のほうも、私の性格をよくわかっているので、準備が整った後、すぐに、『［　イ　］』と言って申し訳なさそうな顔をしてきた。そこで私はいい気分になり、『気にしなくていいよ』と言って笑顔に戻るのだ。夫婦というのは、お互いにお互いのことをよくわかっていれば、少しくらい気が合わなくてもうまくやっていけるものである。

（１）アに入る言葉を選びなさい。

［A］きらきら　［B］かたかた　［C］ゆらゆら
［D］いらいら　［E］はらはら

（２）イに入る言葉を選びなさい。

［A］いいね　［B］ごめんね　［C］すてきね　［D］待ってね　［E］急ぐわね

---

95 **オノマトペ**…さまざまな状態や動きなどを音で表現した言葉。たとえば、人の気持ちを表す「ドキドキ（緊張(きんちょう)を表す）」「わくわく（興奮(こうふん)を表す）」や、「雨がザーザー降(ふ)る」「犬がワンワン鳴(な)く」などがある。

2．次の文章を読んで、設問に答えなさい。

日本語レベル：★★★★

いつの時代も、どの国・地域にも、「若者言葉」という、主に若者しか使わないといわれている言葉がある。俗語やスラングと呼ばれることもある。たとえば、近年、「萌え」や「好きピ」のような若者言葉が流行した。こうした若者言葉は「汚い言葉」「言葉の乱れ」として、一部の大人から嫌われることがある。その一方で、最初は若者の間でしか使われていなかった言葉が、時とともにテレビ番組から多くの人に広まって、今では［　ア　］に使われている言葉もある。このように、言葉は［　イ　］に応じて移り変わっている。

（1）アに入る言葉を選びなさい。

［A］断片的　［B］一般的　［C］一時的　［D］革新的　［E］基本的

（2）イに入る言葉を選びなさい。

［A］季節　［B］国や地域　［C］時代の流れ　［D］テレビ　［E］年齢

3．次の文章を読んで、設問に答えなさい。

日本語レベル：★★★★★

日本で働くことは、小さい頃からの私の夢だった。日本で働くためには、もちろん高い日本語能力も必要だと思ったので、私は独学で勉強した。なぜ独学で勉強したかというと、［　ア　］、私の通っていた学校には日本語のクラスがなかったからだ。私が住んでいた地域では、塾や語学学校というものはほとんどなかったから、独学でやるよりほかに選択肢がなかったのだ。

私は何とか独学で試験に合格し、まず、日本の語学学校に入学することにした。そこには、私のように日本で働きたいと思っている若者がたくさんいて驚いた。いくら日本が少子化で、外国人を積極的に雇用しているとはいえ、こんなにライバルがいては、いい企業に就職できないかもしれないと思い始めた。そこで私は、授業のほかに毎日６時間くらい日本語の勉強をした。

その２年後、私は無事、希望していた日本のＩＴ企業に就職することができた。日本の語学学校で勉強しなければ、就職できていなかったと思う。語学学校での［　イ　］という経験が、私の人生を変えてくれたのだ。

（1）アに入る言葉を選びなさい。

［A］なぜなら　［B］残念ながら　［C］幸運にも　［D］やはり　［E］すなわち

（2）イに入る言葉を選びなさい。

［A］日本の語学学校に入学する

［B］試験に合格する

［C］外国人を積極的に雇用している

［D］日本で働きたいと思っている若者の友だちができた

［E］同じ目標をもつライバルを意識する

実践問題解説

1．次の文章を読んで、設問に答えなさい。

　私は、待つことが嫌いな性格である。この間も、妻と映画を観に行くとき、妻の準備が遅くて、とても［　ア　］した。しかし、妻のほうも、私の性格をよくわかっているので、準備が整った後、すぐに、『［　イ　］』と言って申し訳なさそうな顔をしてきた。そこで私はいい気分になり、『気にしなくていいよ』と言って笑顔に戻るのだ。夫婦というのは、お互いにお互いのことをよくわかっていれば、少しくらい気が合わなくてもうまくやっていけるものである。

（1）アに入る言葉を選びなさい。

［A］きらきら　［B］かたかた　［C］ゆらゆら

［D］いらいら　［E］はらはら

［A］きらきらは、光り輝く様子を表します。

［B］かたかたは、かたい物が触れ合う音を表します。

［C］ゆらゆらは、揺れる様子を表します。

［D］いらいらは、思うようにならず、気分が落ち着かない様子を表します。

［E］はらはらは、２つの意味があり、①心配する様子、②小さい物や軽い物が静かに落ちる様子を表します。

この人は待つことが嫌いなため、「いらいらした」とわかります。

…**正解は［D］**です。

（2）イに入る言葉を選びなさい。

［A］いいね　［B］ごめんね　［C］すてきね　［D］待ってね　［E］急ぐわね

［A］『いいね』は、相手の意見に賛成したり、相手の行動などをほめたりするときの言葉です。
［B］『ごめんね』は、自分のしたことを謝るときの言葉です。
［C］『すてきね』は、見た目などのよさをほめるときの言葉です。
［D］『待ってね』は、相手に待ってくれるようにお願いするときの言葉です。
［E］『急ぐわね』は、自分が急ぐことを伝える言葉で、主に女性が使う話し言葉です。

準備が終わり、いらいらしている相手に伝える言葉は『ごめんね』です。
…**正解は**［B］です。

2．次の文章を読んで、設問に答えなさい。

いつの時代も、どの国・地域にも、「若者言葉」という、主に若者しか使わないといわれている言葉がある。俗語やスラングと呼ばれることもある。たとえば、近年、「萌え」や「好きピ」のような若者言葉が流行した。こうした若者言葉は「汚い言葉」「言葉の乱れ」として、一部の大人から嫌われることがある。その一方で、最初は若者の間でしか使われていなかった言葉が、時とともにテレビ番組から多くの人に広まって、今では［　ア　］に使われている言葉もある。このように、言葉は［　イ　］に応じて移り変わっている。

（1）アに入る言葉を選びなさい。

［A］断片的　［B］一般的　［C］一時的　［D］革新的　［E］基本的

［A］断片的は、途切れ途切れで、一部分だけのことです。
［B］一般的は、よく知られていることや、よく行われていることです。
［C］一時的は、そのときだけや、しばらくの間だけのことです。
［D］革新的は、非常に新しいことです。
［E］基本的は、物事の原則や前提のことです。

若者の間だけでなく広まっていることから、「一般的に使われている」ことがわかります。
…**正解は**［B］です。

（２）イに入る言葉を選びなさい。

［A］季節　［B］国や地域　［C］時代の流れ　［D］テレビ　［E］年齢

波線の部分から、変化は時とともに起きたこと、つまり時代の流れに応じて移り変わったことがわかります。

…**正解は**［C］です。

３．次の文章を読んで、設問に答えなさい。

日本で働くことは、小さい頃からの私の夢だった。日本で働くためには、もちろん高い日本語能力も必要だと思ったので、私は独学で勉強した。なぜ独学で勉強したかというと、［　ア　］、私の通っていた学校には日本語のクラスがなかったからだ。私が住んでいた地域では、塾や語学学校というものはほとんどなかったから、独学でやるよりほかに選択肢がなかったのだ。①

私は何とか独学で試験に合格し、まず、日本の語学学校に入学することにした。そこには、私のように日本で働きたいと思っている若者がたくさんいて驚いた。いくら日本が少子化で、外国人を積極的に雇用しているとはいえ、こんなにライバルがいては、いい企業に就職できないかもしれないと思い始めた。そこで私は、授業のほかに毎日６時間くらい日本語の勉強をした。②

その２年後、私は無事、希望していた日本のＩＴ企業に就職することができた。日本の語学学校で勉強しなければ、就職できていなかったと思う。語学学校での［　イ　］という経験が、私の人生を変えてくれたのだ。

（１）アに入る言葉を選びなさい。

［A］なぜなら　［B］残念ながら　［C］幸運にも　［D］やはり　［E］すなわち

［A］なぜならは、理由を述べるときの接続詞です。

［B］残念ながらは、望ましくないことを述べるときの接続詞です。

［C］幸運にもは、普通の状態では難しいが望ましいことが起きたことを述べるときの接続詞です。

［D］やはりは、予想どおりであったことを述べるときの接続詞です。

［E］すなわちは、同じことを言い換えるときの接続詞です。

波線①の部分から、ほかに選択肢がなかったという望ましくない状態であったことがわかります。

…**正解は**［B］です。

（2）イに入る言葉を選びなさい。

［A］日本の語学学校に入学する

［B］試験に合格する

［C］外国人を積極的に雇用している

［D］日本で働きたいと思っている若者の友だちができた

［E］同じ目標をもつライバルを意識する

波線②の部分から、ライバルがいたことで一生懸命勉強し、就職ができたと思っていることがわかります。

…**正解は**［E］です。

文章を読むのも疲れてきました。

次の「長文読解」の問題で最後ですよ！　もう一息頑張ってください！

長文読解も、日本語の教科書や JLPT で解いたことがあります！
……苦手でしたけど。

SPI で出る長文読解には、空欄補充や語句の問題もあるので、全体の意味がわからなくても正解できる問題がありますよ。

これまで「言語問題」で学んできたことを使って解ける問題も、あるんですね。

そうです。SPI の言語問題でいい点数を取るためには、①それぞれの問題の解き方のコツを知ることと、②語句の知識を増やすことですよ！

今までの問題を復習して、長文読解の問題を解いてみます！

練習問題

1．次の文章を読んで設問に答えなさい。

日本語レベル：★★★★

愛する者、親しい者の死ぬことが多くなるに従って、死の恐怖は反対に薄らいでゆくように思われる。生れてくる者よりも死んでいった者に一層近く自分を感じるということは、年齢の影響に依るであろう。三十代の者は四十代の者よりも二十代の者に、しかし四十代に入つた者は三十代の者よりも五十代の者に、一層近く感じるであろう。四十歳をもって初老とすることは東洋の知恵を示している。それは単に身体の老衰を意味するのでなく、むしろ（　ア　）の老熟を意味している。この年齢に達した者にとっては死は慰めとしてさえ感じられることが可能になる。

※（出典）三木清『人生論ノート』一部改変

（ア）に当てはまる語を選びなさい。

［A］五体　［B］魂　［C］精神　［D］信念　［E］気力

※（出典）
底本：『三木清全集　第一巻』岩波書店
1966（昭和41）年10月17日発行
初出：後記『人生論ノート』創元社
1941（昭和16）年８月発行
入力：石井彰文
校正：川山隆
2008年１月26日作成
2014年２月24日修正
青空文庫作成ファイル：
このファイルは、インターネットの図書館、青空文庫（http://www.aozora.gr.jp/）で作られました。入力、校正、制作にあたったのは、ボランティアの皆さんです。

練習問題解説

1．次の文章を読んで設問に答えなさい。

愛する者、親しい者の死ぬことが多くなるに従って、死の恐怖は反対に薄らいでゆくように思われる。生れてくる者よりも死んでいった者に一層近く自分を感じるということは、年齢の影響に依るであろう。三十代の者は四十代の者よりも二十代の者に、しかし四十代に入った者は三十代の者よりも五十代の者に、一層近く感じるであろう。四十歳をもって初老とすることは東洋の知恵を示している。それは単に身体の老衰を意味するのでなく、むしろ（　ア　）の老熟を意味している。この年齢に達した者にとっては死は慰めとしてさえ感じられることが可能になる。

※（出典）三木清『人生論ノート』一部改変

（ア）に当てはまる語を選びなさい。

［A］五体　［B］魂　［C］精神　［D］信念　［E］気力

［A］五体は、全身のことで、頭・首・胸・手・足を指します。
［B］魂は、前に見える体とは別のもので、心の動きに関するものです。
［C］精神は、人間の心や考えのことです。
［D］信念は、正しいと強く信じることです。
［E］気力は、何かを行おうとする元気な心のことです。

波線の部分から、身体の反対語が入ることがわかります。死は慰めと思えるくらいに考え方（精神）が成長（老熟）したと述べられています。

…**正解は**［C］です。

POINT

- **難しい言葉やわからない言葉が出てきても、あきらめないこと！**
- **文章を読む前にまず問題を見て、問題に関係のあるところをしっかり読む。**
- **わかる問題から解く。**

※（出典）…P.167注釈参照。

実践問題

1．次の文章を読んで設問に答えなさい。

日本語レベル：★★★★★

ただ「知る」だけでは何にもならない、真に知ることが、体得することが、重大なのだ。――これは古い言葉である。しかし私は時々今さららしくその心持ちを経験する。

――誰でも自分自身のことは最もよく知っている。そして最も知らないのはやはり自己である。「汝自身を知れ」という古い語も、私には依然として新しい刺激を絶たない。

思索によってのみ自分を捕えようとする時には、自分は霧のようにつかみ所がない。しかし私は愛と創造と格闘と痛苦との内に――行為の内に自己を捕え得る。そして時には、思わず顔をそむけようとするほどひどく参らされる。私はそれを自己と認めたくない衝動にさえ駆られる。しかし私は絶望する心を鞭うって自己を正視する。悲しみのなかから勇ましい心持ちが湧いて出るまで。私の愛は恋人が醜いゆえにますます慕るのである。

私は絶えずチクチク私の心を刺す執拗な腹の虫を断然押えつけてしまうつもりで、近ごろある製作に従事した。静かな歓喜がかなり永い間続いた。そのゆえに私は幸福であった。ある日私はかわいい私の作物を抱いてトルストイとストリンドベルヒの前に立った。見よ。その鏡には何が映ったか。それが果たして自分なのか。私はたちまち暗い谷へ突き落とされた。

私は自分の製作活動において自分の貧弱をまざまざと見たのである。製作そのものも、そこに現われた生活も、かの偉人たちの前に存在し得るだ

※（出典）
底本：『偶像再興・面とペルソナ　和辻哲郎感想集』講談社文芸文庫、講談社
2007（平成19）年４月10日第１刷発行
初出：『新小説』
1916（大正５）年４月
入力：門田裕志
校正：noriko saito
2011年５月７日作成
青空文庫作成ファイル：
このファイルは、インターネットの図書館、青空文庫（http://www.aozora.gr.jp/）で作られました。入力、校正、制作にあたったのは、ボランティアの皆さんです。

第3章 言語問題への対策

けの権威さえ持っていなかった。私は眩暈を感じた。しかし私は踏みとどまった。再び眼が見え出した時には、私は生きることと作ることとの意義が「やっとわかった」と思った。私は自分を愧じた。とともに新しい勇気が底力強く湧き上がって来た。

親しい友人から受けた忌憚なき非難は、かえって私の心を落ちつかせた。烈しい苦しみと心細さとのなかではあったが、自分にとっての恐ろしい真実をたじろがずに見得た経験は私を一歩高い所へ連れて行った。

※（出典）和辻哲郎『生きること作ること』

（1）下線部の「恋人」が指すものを選びなさい。

［A］絶望する心　［B］自己　［C］悲しみ　［D］刺激　［E］腹の虫

（2）次の、自己を知る方法について説明する文章の空欄に当てはまる語句として、正しい組合せを選びなさい。

思索によってのみ自分を捕えることはできないが、（　ア　）によってなら、捕えることができる。そして、自分にとって（　イ　）から目をそらさないことで、成長できる。

	ア	イ
［A］	苦痛	友人の忌憚ない非難
［B］	苦痛	勇ましい心持ち
［C］	行為	生きることの意義
［D］	行為	認めたくない自己

2．次の文章を読んで設問に答えなさい。

日本語レベル：★★★★★

国家の意思と秩序を創造決定し、それによって国家の目的を実現するため、国家の中のいろいろの対立、分化、相剋、抗争を、国家が独占している公権力を背景にして、強制的に統合し一体化することが、正に政治の本質である。

対立や分化を統合してある目的を実現するというだけなら、いやしくも人間の二人以上の集団でどこでも見られる現象ではあるが、国家権力を背景としてそれを行うというところに、政治の本質があるので、そこで政治の最も固有な姿は、この公権力の獲得と保持をめぐる闘争に現れる。「政治は権力闘争だ」といわれる所以もそこにある。しかしなぜ権力の獲得と保持のために闘争するのかといえば、人民を支配する権力を自分が（　ア　）せんがためであって、すなわち自分が対立と分化を統合し、国家の意思と秩序を創造し実現しようとするからである。政治はあくまで権力そのものでも権力闘争そのものでもなく、それらは単に政治の手段にほかならない。

政治の本質は、このように対立と分化を権力的に統合組織化して、一体的な国家の意思と秩序を創造し実現するにあるから、なんらの対立も分化も相剋も抗争もなく、初めから一体的な意思や有機的な秩序が成り立っているような完全な共同体には、政治はそもそも不必要であるのみならず不可能である。そういう社会には権力で統一する余地も必要もないからである。だからもし「神ながら言挙げせず」とか、「民自然にして治まる」とかいうような社会があったら、そういう所に政治権力が働く心要もなければ可能性もない。

「政治は政治なきを期す」という言葉があるのは、政治権力を用いないでも、おのずから一体的な意思と秩序が成り立つようになるのが、政治の理想だという意味であろうが、しかし人間の現実の社会にはそのような完全な共同体は実在せず、必ずやなんらかの対立、分化、矛盾、抗争というものが存在するので、それらを統合して、一体的な共同生活の意思と秩序を生み出すために、どうしても政治を欠くことができない。すなわち政治には必ず対立抗争の要素が前提になっているのである。

※（出典）矢部貞治『政治学入門』

※（出典）
底本：『政治学入門』講談社学術文庫、講談社
1977（昭和52）年10月10日第１刷発行
1993（平成５）年12月20日第21刷発行
初出：『政治学入門』アテネ新書、弘文堂
1951（昭和26）年５月
入力：フクポー
校正：富田晶子
2018年１月１日作成
青空文庫作成ファイル：
このファイルは、インターネットの図書館、青空文庫（http://www.aozora.gr.jp/）で作られました。入力、校正、制作にあたったのは、ボランティアの皆さんです。

（1）（ア）に当てはまる語を選びなさい。

［A］把握　［B］掌握　［C］行使　［D］誇示　［E］体現

（2）下線部の「実現するため」の「ため」と同じ意味用法のものを選びなさい。

［A］宿題を終わらせるために、わからないところを父に聞いた。
［B］部下がミスをしたために、とんでもない事態になった。
［C］子どものわがままをすべて聞いていたのでは、その子のためにならない。
［D］梅雨入りしたため、毎日雨が降っていて嫌になる。

（3）文章全体の要旨に合っているものを選びなさい。

［A］政治を欠くことができないのは、人々が権力に抗うからである。
［B］自然と一体的な意思と秩序が成り立つ社会をつくることが、政治の本質である。
［C］政治権力を争ったり、矛盾が起きたりすることが、政治の本質である。
［D］人と人との対立や分化を統合し、国の秩序を生み出すことが、政治の本質である。

実践問題解説

1．次の文章を読んで設問に答えなさい。

ただ「知る」だけでは何にもならない、真に知ることが、体得することが、重大なのだ。――これは古い言葉である。しかし私は時々今さららしくその心持ちを経験する。

――誰でも自分自身のことは最もよく知っている。そして最も知らないのはやはり自己である。「汝自身を知れ」という古い語も、私には依然として新しい刺激を絶たない。

思索によってのみ自分を捕えようとする時には、自分は霧のようにつかみ所がない。しかし私は愛と創造と格闘と痛苦との内に――行為の内に自己を捕え得る。①そして時には、思わず顔をそむけようとするほどひどく参らされる。私はそれを自己と認めたくない②衝動にさえ駆られる。しかし私は絶望する心を鞭うって自己を正視する。③悲しみのなかから勇ましい心持ちが湧いて出るまで。私の愛は恋人が醜いゆえにますます募るのである。

私は絶えずチクチク私の心を刺す執拗な腹の虫を断然押えつけてしまうつもりで、近ごろある製作に従事した。静かな歓喜がかなり永い間続いた。そのゆえに私は幸福であった。ある日私はかわいい私の作物を抱いてトルストイとストリンドベルヒの前に立った。見よ。その鏡には何が映ったか。それが果たして自分なのか。私はたちまち暗い谷へ突き落とされた。

私は自分の製作活動において自分の貧弱をまざまざと見たのである。製作そのものも、そこに現われた生活も、かの偉人たちの前に存在し得るだけの権威さえ持っていなかった。私は眩暈を感じた。しかし私は踏みとどまった。再び眼が見え出した時には、私は生きることと作ることとの意義が「やっとわかった」と思った。私は自分を愧じた。とともに新しい勇気が底力強く湧き上がって来た。

親しい友人から受けた忌憚なき非難は、かえって私の心を落ちつかせた。烈しい苦しみと心細さとのなかではあったが、自分にとっての恐ろしい真実をたじろがずに見得た経験は私を一歩高い所へ連れて行った。

※（出典）和辻哲郎『生きること作ること』

（1）下線部の「恋人」が指すものを選びなさい。

［A］絶望する心　［B］自己　［C］悲しみ　［D］刺激　［E］腹の虫

波線①〜③の部分に、繰り返し「自己」という言葉が出てきます。思い続ける自己のことを「恋人」とたとえています。

…**正解は**［B］です。

（2）次の、自己を知る方法について説明する文章の空欄に当てはまる語句として、正しい組合せを選びなさい。

思索によってのみ自分を捕えることはできないが、（　ア　）によってなら、捕えることができる。そして、自分にとって（　イ　）から目をそらさないことで、成長できる。

※（出典）…P.169注釈参照。

	ア	イ
［A］	苦痛	友人の忌憚ない非難
［B］	苦痛	勇ましい心持ち
［C］	行為	生きることの意義
［D］	行為	認めたくない自己

波線①の部分に「行為」の内に「自己」を捕え得るとあります。波線②の部分に「自己と認めたくない」とあり、波線③の部分に「自己を正視する」とあります。

…**正解は［D］**です。

２．次の文章を読んで設問に答えなさい。

国家の意思と秩序を創造決定し、それによって国家の目的を実現するため、国家の中のいろいろの対立、分化、相剋、抗争を、国家が独占している公権力を背景にして、強制的に統合し一体化することが、正に政治の本質である。

対立や分化を統合してある目的を実現するというだけなら、いやしくも人間の二人以上の集団でどこでも見られる現象ではあるが、国家権力を背景としてそれを行うというところに、政治の本質があるので、そこで政治の最も固有な姿は、この公権力の獲得と保持をめぐる闘争に現れる。「政治は権力闘争だ」といわれる所以もそこにある。しかしなぜ権力の獲得と保持のために闘争するのかといえば、人民を支配する権力を自分が（　ア　）せんがため①であって、すなわち自分が対立と分化を統合し、国家の意思と秩序を創造し実現しようとするからである。政治はあくまで権力そのものでも権力闘争そのものでもなく、それらは単に政治の手段②にほかならない。

政治の本質は、このように対立と分化を権力的に統合組織化して、一体的な国家の意思と秩序を創造し実現する③にあるから、なんらの対立も分化も相剋も抗争もなく、初めから一体的な意思や有機的な秩序が成り立っているような完全な共同体には、政治はそもそも不必要であるのみならず不可能④である。そういう社会には権力で統一する余地も必要もないからである。だからもし「神ながら言挙げせず」とか、「民自然にして治まる」とかいうような社会があったら、そういう所に政治権力が働く心要もなけ

ればで可能性もない。

「政治は政治なきを期す」という言葉があるのは、政治権力を用いないでも、おのずから一体的な意思と秩序が成り立つようになるのが、政治の理想だという意味であろうが、しかし人間の現実の社会にはそのような完全な共同体は実在せず、必ずやなんらかの対立、分化、矛盾、抗争というものが存在するので、それらを統合して、一体的な共同生活の意思と秩序を生み出すために、どうしても政治を欠くことができない。すなわち政治には必ず対立抗争の要素が前提になっているのである。

※（出典）矢部貞治『政治学入門』

（1）（ア）に当てはまる語を選びなさい。

［A］把握　［B］掌握　［C］行使　［D］誇示　［E］体現

［A］把握は、内容を理解することです。
［B］掌握は、自分が好きなように扱える状態に置くことです。
［C］行使は、使うことや実行することです。
［D］誇示は、自慢そうに見せることです。
［E］体現は、精神的なものを具体的に表すことです。

波線①の部分から、人民を自分が好きなように扱える（支配する）権力をもつという意味になります。

…**正解は**［B］です。

（2）下線部の「実現するため」の「ため」と同じ意味用法のものを選びなさい。

［A］宿題を終わらせるために、わからないところを父に聞いた。
［B］部下がミスをしたために、とんでもない事態になった。
［C］子どものわがままをすべて聞いていたのでは、その子のためにならない。
［D］梅雨入りしたため、毎日雨が降っていて嫌になる。

実現するための「ため」は、目的を表します。

［A］宿題を終わらせるために、わからないところを父に聞いたの「ため」は、が目的を表します。

※（出典）…P.171注釈参照。

［B］部下がミスをしたために、とんでもない事態になったの「ため」は、原因を表します。

［C］子どものわがままをすべて聞いていたのでは、その子のためにならないの「ため」は、利益を受けたり貢献されたりする相手を表します。

［D］梅雨入りしたため、毎日雨が降っていて嫌になるの「ため」は、理由を表します。

…**正解は**［A］です。

（３）文章全体の要旨に合っているものを選びなさい。

［A］政治を欠くことができないのは、人々が権力に抗うからである。

［B］自然と一体的な意思と秩序が成り立つ社会をつくることが、政治の本質である。

［C］政治権力を争ったり、矛盾が起きたりすることが、政治の本質である。

［D］人と人との対立や分化を統合し、国の秩序を生み出すことが、政治の本質である。

［A］は、記述がありません。

［B］は、波線④の部分に、初めから（＝自然と）一体的な意思と秩序が成り立っているような共同体（＝社会）には、政治はそもそも不必要・不可能とあるため合いません。

［C］は、波線②の部分に、政治は権力闘争そのものではなく、権力は手段とあるため合いません。

［D］は、波線③の部分に、権力的に統合し一体的な国家の意思と秩序を創造するとあるため合っています。

…**正解は**［D］です。

8 熟語・慣用句・ことわざリスト

よく出る「熟語」「慣用句」「ことわざ96」のリストです。意味を理解し、使い方を覚えましょう。P.179 〜 P.181 に、読み方と意味の説明があります。

理解できていないものは、□にチェック→☑

1. 二字熟語

- □□□ 打診
- □□□ 早晩
- □□□ 委細
- □□□ 出色
- □□□ 泰然
- □□□ 督励
- □□□ 遜色
- □□□ 造詣
- □□□ 迎合
- □□□ 詭弁
- □□□ 多寡
- □□□ 已然
- □□□ 透徹
- □□□ 軋轢
- □□□ 暫時
- □□□ 謬見
- □□□ 拮抗
- □□□ 超然
- □□□ 寡黙
- □□□ 卑近
- □□□ 斡旋
- □□□ 妥協
- □□□ 逡巡
- □□□ 機略
- □□□ 釈然
- □□□ 邂逅
- □□□ 粉飾
- □□□ 漸次
- □□□ 英気
- □□□ 感服
- □□□ 毅然
- □□□ 吹聴
- □□□ 腐心
- □□□ 闊達
- □□□ 咀嚼
- □□□ 甘受
- □□□ 杞憂
- □□□ 沿革

96 **ことわざ**…日本で昔から言い伝えられてきた、教えや社会の様子などを内容とする短い文。

2. 四字熟語（じゅくご）

- □□□ 和洋折衷
- □□□ 自然淘汰
- □□□ 右往左往
- □□□ 泰然自若
- □□□ 傍若無人
- □□□ 朝三暮四
- □□□ 意気投合
- □□□ 自業自得
- □□□ 魑魅魍魎
- □□□ 竜頭蛇尾
- □□□ 七転八倒
- □□□ 試行錯誤
- □□□ 喜怒哀楽
- □□□ 不言実行
- □□□ 一喜一憂
- □□□ 一期一会
- □□□ 一言一句
- □□□ 森羅万象
- □□□ 単刀直入
- □□□ 首尾一貫
- □□□ 晴耕雨読

3. 慣用句（かんようく）・ことわざ

- □□□ 木で鼻をくくる
- □□□ さじを投げる
- □□□ 寝耳に水
- □□□ 青菜に塩
- □□□ 泡を食う
- □□□ 暖簾に腕押し
- □□□ 濡れ手で粟
- □□□ 枯れ木も山の賑わい
- □□□ 根も葉もない
- □□□ 雨降って地固まる
- □□□ 二階から目薬
- □□□ 鳶が鷹を生む
- □□□ 餅は餅屋
- □□□ 気が気でない
- □□□ 言わぬが花
- □□□ 目は口ほどに物を言う
- □□□ 釈迦に説法
- □□□ 木を見て森を見ず
- □□□ 手を焼く
- □□□ 足を洗う
- □□□ 怪我の功名

1．二字熟語

打診：相手の意見を知るために、先に聞いて相手の反応を見ること。
早晩：「いつかは」の意味。「早いことと遅いこと」の意味もある。
委細：細かくて詳しいこと。
出色：大変すばらしいこと。
泰然：落ち着いていること。
督励：相手の仕事の様子を確認して、はげますこと。
遜色：下手なこと、負けていること。「遜色がない」で、同じくらい上手にできるという意味になる。
造詣：1つのことに対して、よく理解していて知識も多いこと。
迎合：相手に好きになってもらうために、自分の意見や考えも変えてしまうこと。
詭弁：間違っていることなのに、正しいことだと思わせようと説明すること。
多寡：「多少」の意味。多いことと少ないこと。
已然：仮定の表現。「もし、Aならば」という形を取る。
透徹：すきとおること。はっきりしていること。
軋轢：仲が悪くなること。
暫時：「少しの時間」の意味。
謬見：間違っている意見や考えのこと。
拮抗：力が同じくらいであること。
超然：周りに従わないで、自分の意見に従い行動すること。
寡黙：あまり話さないで、静かな人のこと。
卑近：よくあること。身近なこと。
斡旋：あいだに入って、物事がよく進むようにすること。
妥協：相手も自分も少しずつ意見を変えて、1つの答えを出すこと。
逡巡：決められなくて、迷うこと。
機略：状況に合わせて考えたよい方法のこと。
釈然：疑っている気持ちや迷っている気持ちがなくなって、すっきりすること。
邂逅：予測していなかった人と会うこと。
粉飾：物事の見た目だけをよくすること。
漸次：「だんだん」「少しずつ」の意味。
英気：「元気」の意味。
感服：感心すること。
毅然：自分の意見や考えを信じている様子。
吹聴：周りの多くの人に言うこと。

腐心：非常に頑張ること。
闊達：小さなことを気にしない様子。
咀嚼：食べ物を小さくなるまでかむこと。難しいことを理解すること。
甘受：仕方がないと受け入れること。
杞憂：しなくてもいい心配をすること。
沿革：物事が変わっていくこと。

2. 四字熟語

和洋折衷：日本のものと西洋のものが入っていること。
自然淘汰：状況に合っているものは生き残るが、合わないものは消えてしまうこと。
右往左往：どうすればいいかわからなくて、歩き回ること。
泰然自若：落ち着いている様子。
傍若無人：周りのことをまったく気にしないで、自分のためだけに遊んだり騒いだりすること。
朝三暮四：目の前のよく見える違いにだけ気がついて、結果に気がつかないこと。
意気投合：相手と気持ちや考えが非常によく合うこと。
自業自得：自分でしたこと（悪いこと）が自分に返ってくること。
魑魅魍魎：お化け（現実にいない怖いもの）のこと。自分のためだけに悪いことをしようと考える人のこと。
竜頭蛇尾：最初は元気に頑張るが、最後は元気がなくなること。
七転八倒：転んだり倒れたりするくらい非常に苦しむこと。
試行錯誤：何回も試しみて、いい方法を見つけていくこと。
喜怒哀楽：嬉しい・悲しい・楽しいなど、さまざまな気持ちのこと。
不言実行：何も言わないが、やらなければならないことはやってみせること。
一喜一憂：物事が変わるたびに、喜んだり心配したりすること。
一期一会：人生で一度だけの機会。
一言一句：一つひとつの言葉。
森羅万象：生きているもの・生きていないものなど、すべてのもの。
単刀直入：人と話していて、いきなり一番大切なことを言うこと。
首尾一貫：最初から最後まで一つの方法や考え方で進めること。
晴耕雨読：自由に生活すること。

3．慣用句・ことわざ

木で鼻をくくる　：冷たく対応すること。
さじを投げる　：解決できないと判断して、それ以上何もしなくなること。
寝耳に水　：予測していなかったことが起こること。
青菜に塩　：元気がない人の様子。
泡を食う　：おどろいて落ち着かない様子。
暖簾に腕押し　：やっても意味がないこと。
濡れ手で粟　：努力しなくても多くの利益を受け取ること。
枯れ木も山の賑わい　：つまらないものでも、ないよりはあるほうがいいこと。
根も葉もない　：もとになる理由がないこと。
雨降って地固まる　：悪いことが起こった後は、かえって前よりよくなるということ。
二階から目薬　：物事がうまくいかないこと。
鳶が鷹を生む　：普通の親から、大変すばらしい子どもが生まれること。
餅は餅屋　：専門家に頼むのが一番よいということ。
気が気でない　：落ち着かないこと。
言わぬが花　：言わないほうがよいということ。
目は口ほどに物を言う：言葉にしなくても、目（顔の様子）を見ればわかるということ。
釈迦に説法　：自分よりそのことをよく知っている相手に説明すること。相手にとって、いらないことであること。
木を見て森を見ず　：細かい部分だけをよく見て、大きい部分が見えていないこと。
手を焼く　：上手にできなくて困ること。
足を洗う　：悪いことをやめること。
怪我の功名　：間違ってしたことが、いい結果になること。

COLUMN 留学生からの筆記試験に関する質問

Q1.筆記試験を受けないと就職できないのでしょうか?

ここまで、SPIの非言語問題・言語問題を勉強して、難しいと思った人も多いと思います。SPIは、日本語や仕事の処理の能力を見るうえで、参考になる問題が含まれています。そのため、勉強はしてほしいと思います。しかし、勉強してもなかなか正答率が上がらなかったとしても、就職をあきらめないでください。SPIに合格できなくても、就職できている先輩留学生はたくさんいます。

Q2.企業が筆記試験を行う理由は何でしょうか?

実は、秋以降の新卒採用では、SPI、特にテストセンターの受検の機会は少なくなります。筆記試験の意味を考えると、その理由が見えてきます。

企業が筆記試験(SPI)を実施する理由には、次の3つがあります。

(1)選考を効率よく行うため
(2)基礎能力を測るため
(3)人物像(適性)を知るため

まず、(1)の選考を効率よく行うためというのは、日本の新卒採用特有の理由が関係しています。現在、日本の新卒採用は、3月に広報活動を開始し、6月から内定を出す選考が可能になります。そのため、春は就職活動を行う学生が非常に多くなります。その結果、企業は大量の応募者を効率よく選考する必要があり、SPIが活用されています。そして、半数以上の学生は、夏までに就職活動を終えます。したがって、秋頃になると応募者が少なくなり、企業は一人ひとりを面接する時間を確保しやすくなります。そのときのSPIは、選考を効率よく行うためよりも、(2)の基礎能力を測るため、(3)の人物像(適性)を知るために利用されることが多くなります。

つまり、SPIでよい結果が出なかったとしても、あきらめずに就職活動を続けることで、面接に通過し就職できる可能性はあるのです。

性格検査への対策

1 検査の内容を知ろう

2 性格の特徴と適性について知ろう

1 検査の内容を知ろう

重要度：★★★★★

「非言語問題」と「言語問題」の勉強、お疲れ様でした。さて、次は「性格検査」です。

え !?　まだ続くのですか？

あと少しです。性格検査は正解するようなものではないので、リラックスして取り組みましょう。

性格検査って何ですか？　私は勉強は自信がないですが、性格なら自信があります！

それはよかったです。笑
性格検査では、性格について 200 問くらいの質問に答えます。

に、200 問ですか？！　とても時間内に終わらなそうで、心配です。

そうなんです。留学生も日本人学生も、時間をかけすぎてしまって、全部に答えられない人がいます。もったいないですね。

全部答えられない人は、時間の管理ができない人だと思われるかもしれませんね。

そのとおり！　よく気がつきましたね。ですから、テストの前に、どのような質問があるのか、どのように答えるのか、練習しておくことが大切です。

POINT

- → 全部の質問に答えられるようにする。
- → 同じことを違う日本語で質問されるため、一貫性㊼をもって答える。
- → 極端㊽な答え方をしない。
- → 行きたい会社と働きたい職種の性格に合った答えを考えておく。

性格検査は、３つの部分に分かれていることが多いです。

	第１部	第２部	第３部
質問の数	約90問	約130問	約70問
回答できる時間	約12分	約13分	約11分

１問に答える時間が、10 秒もないんですね……。確かに、全部答えるためには練習が必要そうです。性格検査の結果によって、採用してもらえないこともあるんですか？

〈第１部・第３部の例〉

AとBのどちらに近いか選ぶ

A 決断するときは細心㊾の注意をはらう

B 決断するときは思い切って行う

1	2	3	4
Aに近い	どちらかといえばAに近い	どちらかといえばBに近い	Bに近い

不採用になることもあるとはいわれています。性格検査では、受検者がこの企業の働き方に合っているか、仕事の内容に合っているかをチェックしています。だから、もし採用されなくても、自分とその会社の相性がよくなかっただけのことですから、落ち込まないでください。

〈第２部の例〉

どのくらい自分にあてはまるか選ぶ

（1）調子のいい人だと言われる

1	2	3	4
あてはまらない	どちらかといえばあてはまらない	どちらかといえばあてはまる	あてはまる

㊼ **一貫性**…始まりから終わりまで、同じ一つの考え方で取り組む。
㊽ **極端**…基準や常識から離れていること。
㊾ **細心**…細かいところ・小さいところまでへの気づかい。

質問例と解説

1.「一貫性をもって答える」とは

〈例〉次の質問は自分の行動や考えにどの程度あてはまるか。最も近い選択肢を選びなさい。

（1）どちらかというと悲観的に考えるほうだ

（2）失敗をいつまでも気にしてしまう

……

1	2	3	4
あてはまらない	どちらかといえばあてはまらない	どちらかといえばあてはまる	あてはまる

★「悲観的かどうか」を「失敗をいつまでも気にする」という、違う日本語で繰り返してチェックしています。

○いい例（1）1（2）1　　（1）4（2）4　　（1）2（2）2

×悪い例（1）1（2）4　　（1）4（2）1　　（1）1（2）3

同じことを質問されているのに、違う答えを選んでしまうと、嘘をついていると思われるかもしれません。本当の性格も測ることができません。

2.「極端な答え方をしない」とは

〈例〉次の質問は自分の行動や考えにどの程度あてはまるか。最も近い選択肢を選びなさい。

（3）自分の意見は曲げない

（4）自分の行動を分析する

……

1	2	3	4
あてはまらない	どちらかといえばあてはまらない	どちらかといえばあてはまる	あてはまる

★「自分の意見は曲げない」は、「**協調性**(100)があるかどうか」をチェックしています。

○いい例（3）1（3）2（3）3
×悪い例（3）4
　日本の会社では、他の社員と協力して仕事をするのが基本です。協調性がない人は、日本の会社では働けないと思われるかもしれません。

★「自分の行動を分析する」は、「自分の行動を振り返って、改善していける人かどうか」をチェックしています。
○いい例（4）3（4）4
×悪い例（4）1（4）2
　会社では、失敗することもあるでしょう。失敗したときには、自分の行動を分析して、改善することが大切です。日本の会社では、失敗から学んで成長していくことを評価します。

3.「行きたい会社と働きたい職種の性格に合った答え」とは

〈例1〉次の質問は自分の行動や考えにどの程度あてはまるか。最も近い選択肢を選びなさい。

（1）知らない人と話すのは苦手なほうだ
（2）人見知りすることがある
⋮

あてはまらない	どちらかといえばあてはまらない	どちらかといえばあてはまる	あてはまる
1	2	3	4

★「知らない人は苦手」を「人見知りする」という、違う日本語で繰り返してチェックしています。「**社交的**101かどうか」を測る質問です。
○「営業」向きの答え：（1）1（2）1
○「SE」向きの答え：（1）4（2）4

100 **協調性**…異なる立場の複数の人でも、お互いに助け合ったり譲り合ったりしながら同じ目標に向かって作業をしようとする性格。
101 **社交的**…人との付き合いに積極的で、付き合い方が上手な性格。

〈例2〉次の質問は自分の行動や考えにどの程度あてはまるか。最も近い選択肢を選びなさい。

（1）休日には活動的に過ごす
（2）休日は1人で静かに過ごしたい
⋮

1	2	3	4
あてはまらない	どちらかといえばあてはまらない	どちらかといえばあてはまる	あてはまる

★「活動的に」を「静かに」という、反対の日本語で繰り返してチェックしています。「社交的かどうか」「アウトドア派かインドア派か」を測る質問です。

○「イベント会社」向きの答え：（1）4（2）1

〈例3〉次の質問は自分の行動や考えにどの程度あてはまるか。最も近い選択肢を選びなさい。

（1）細かい計画を立てるのが好きだ
（2）あれこれ考えず、まず行動するほうだ
⋮

1	2	3	4
あてはまらない	どちらかといえばあてはまらない	どちらかといえばあてはまる	あてはまる

★「計画を立てる」を「あれこれ考えず」という、反対の日本語で繰り返してチェックしています。「計画性があるかどうか」を測る質問です。

○「経理102」や「財務103」向きの答え：（1）4（2）1

102 経理…会計や給与などに関する事務処理を行う仕事。
103 財務…資金や予算がなくならないように管理する仕事。

2 性格の特徴と適性について知ろう

重要度：★★★★★

ところで先生。「性格検査」で、私がどのような性格かわかるんですか？

そうですね。正直に答えればわかります。

正直に答えて大丈夫なんですか？

基本的には大丈夫です。嘘をついて、答えに一貫性がなくなったり、面接で違うことを言ったりするほうがよくありません。

そうですか。安心しました！

ただし、「社会人として問題ないだろうか？」と心配されないような答え方をしたほうがいいですね。

POINT

→ 基本的には、正直に答える。

→「約束を守る」「期限を守る」「ある程度は他の人と協力できる」などは、社会人として当たり前のことだと理解しておく。

質問例と解説

1．行動力を測る質問

〈例〉

質問	はい	いいえ
（１）人と知り合いになるのは勇気がいる （２）なかなか友だちができないほうだ	内向的104	外交的105
（３）実際に行動するより、考えているほうが好きだ （４）理屈っぽいとよく言われる	計画的106	行動的107
（５）スポーツをするのが好きだ （６）人よりも歩くのが速い	活動的108	落ち着いている
（７）辛抱強いと言われる （８）最後まであきらめない	粘り強い109	臨機応変110
（９）事前に計画してから旅行に行くほうだ （10）見通しの立たないことには不安を感じる	慎重111	大胆112

性格に正解はありませんから、どのように答えても、いいところ・悪いところがあります。一貫性をもって答えられるように、性格を表す言葉は覚えておきましょう。

---

104 **内向的**…おとなしい性格であること。
105 **外交的**…周りの人とのコミュニケーションが好きな性格であること。
106 **計画的**…行動する前に計画を立てること。
107 **行動的**…すぐに行動すること。
108 **活動的**…自分から行動すること。
109 **粘り強い**…あきらめないで、努力すること。
110 **臨機応変**…状況や変化をよく見て、対応すること。
111 **慎重**…よく考えてから行動すること。
112 **大胆**…普通の人にはできないようなこともできること。

2．情緒を測る質問

〈例〉

質問	はい	いいえ
（1）他人の言動や機嫌が気になる （2）人よりも敏感なほうだと思う	自分や周りの気持ちによく気づいて、相手がしてほしいと思うことができる	気持ちが大きくは変わらない
（3）落ち込むことが多い （4）自分のせいにすることが多い	自分の仕事や行動を最後までやる	明るい性格で、「きっとうまくいくだろう」と思える
（5）気分が変わることが多い （6）意志が弱いほうだと思う	考えや態度がまっすぐで、自分のさまざまな気持ちを周りに見せられる	自分の考えに従って、目的を選んで行動できる
（7）他人の意見がどうあれ、自分の考えは変えたくない （8）個性的な人だと言われる	周りとは違う特別な性格である	周りの人に合わせられる
（9）周りの人を説得するのが得意だ （10）たいていのことはうまく切り抜けられると思う	強い気持ちで、自分から物事をする	優しくて、周りの人を許すことができる
（11）にぎやかな集まりが好きだ （12）よく軽率なことをしてしまう	明るくて、自分から行動できる	正直で落ち着いている

相手がしてほしいと思うことができる、自分の仕事や行動を最後までする、自分のさまざまな気持ちを周りに見せられるという特性は、一般的にはいい性格です。しかし、あまり強いと会社で働いたときにストレスに耐えられるかどうか、面接でチェックされることがあります。

3．意欲を測る質問

〈例〉

質問	はい	いいえ
（1）目標は高いほうがやる気が出る （2）やりがいのある仕事がしたい	高い目標を持っている	仕事を確実に行う
（3）仕事は早く終わらせたい （4）周りの人を引っ張っていくほうだ	早く決めて行動できる	おとなしくて、よく考えてから行動する

一般的には、目標が高い人のほうが望ましいといわれていますが、強引であるという印象を持たれることもあります。

４．社会関係を測る質問

〈例〉

質問	はい	いいえ
（１）周りに影響されて意見や決心を変えることがよくある （２）他の人の意見に従うことが多い	従順[113]	従順でない
（３）意見が合わない人とは、あまり話さないようにする （４）リスクがある仕事は、できるだけしたくない	リスクを回避[114]する	リスクを気にしない
（５）他人の仕事のミスが気になり、すぐに指摘する （６）自分の考えと異なることを言っている人に対して、つい自分の意見を言ってしまう	批判的[115]	批判的でない
（７）知らない人の前でも、自分の意見は自信を持って言える （８）自己主張が強いほうだ	自己を尊重[116]している	他者を尊重している
（９）他人の言うことを、すぐには信用しない （10）物事の、矛盾する点を見つけることがよくある	懐疑的[117]	懐疑的でない

従順な人、批判的でない人、懐疑的でない人を求める会社もあれば、そうではない会社もあります。自分の特性はどちらに近いのか理解したうえで、特性が活かせる企業や仕事に就けると働きやすいでしょう。

---

[113] **従順**…他人に従いやすいこと。
[114] **回避**…危ないことから遠くにいること。
[115] **批判的**…何に対しても違うことを考え、自分の考えたとおりに行動すること。
[116] **尊重**…大切にすること。
[117] **懐疑的**…物事をすぐに信じないで、疑って考えること。

【付録】 難しい日本語リスト

番号	言葉	解説	ページ
❶	公式	数学で使われる数式で表すことができる決まったルール。「定理」ともいう。	P.6
❷	就職活動	学校を卒業して、新しく社会人になる前に仕事をするための会社を探すこと。日本では、卒業前の最終学年で就職活動をすることが一般的。	P.8
❸	就職ナビサイト	「リクナビ」「マイナビ」など、日本で学生が就職活動で利用する Web サイト。就職活動の仕方や採用している企業の情報などが掲載されている。このサイトから多くの企業 に応募できる。	P.10
❹	合同企業説明会	１つの会場に多くの企業が集まり、各社の説明を行うイベント。学生にとっては、１日で複数の企業の話を聞ける機会となる。	P.11
❺	選考	就職試験のこと。筆記試験、面接、ディスカッションなどがある。	P.11
❻	エントリーシート(ES)	応募をするために必要な選考書類の一つ。プレエントリー（P.12 参照）をした後に、エントリーシートの課題がわかることが多い。ただし、すべての企業で実施しているわけでなはい。	P.11
❼	自己分析	自分がどのような人間か分析すること。スキルではなく、価値観や適性でマッチングをする日本の就職・採用の慣習に対する重要な就職準備の一つ。	P.11
❽	OB ／ OG 訪問	自分の学校の先輩または就職を希望する企業で働いている人に会うこと。就職活動を経験した人、実際に働いている人の話が聞け、非常に参考になる。	P.11
❾	プレエントリー	応募書類の提出をしない、興味があることを伝えるためのエントリー。プレエントリーをすることで、企業から選考の詳細情報や説明会の情報を得ることができるため、気軽に行うとよい。	P.12
❿	内定	最終面接合格（「採用します」という決定）の意味。内定の後、入社の合意をする書類にサインをして、入社が決まる。ただし、留学生の場合、入社前に就労ビザへの切り替えも必要。	P.12
⓫	問題処理能力	課題に対して、情報を整理したり、計算したり、考えをまとめたりする能力。	P.14
⓬	専門的なスキル	特定の分野で、高い専門知識や経験が必要になる能力。	P.14
⓭	効率的	使った労力に対して、期待よりも高い成果を得ること。	P.14
⓮	新卒一括採用	毎年、新しく学校を卒業する学生を、企業が同じ時期に採用すること。多くの日本企業 が同じ時期に選考を行うため、企業は採用しやすく、学生は就職しやすいというメリットがある。	P.14
⓯	マークシート	試験で使われる回答用紙。紙に印字された選択肢の記号を塗りつぶして回答する。マークシートの回答は、専用の機械で読み込まれ、コンピューターを使って採点される。	P.15
⓰	約	正確ではないが、だいたいの量や数。	P.16
⓱	求人	企業が募集する仕事の情報が書かれているもの。	P.16
⓲	程度	物事の大きさを示す言葉。文章では、約（正確ではないが、だいたいの量や数）に近い意味をもつことが多い。	P.20
⓳	注釈	難しい言葉や注意が必要な言葉について、欄外に付けられた補足や説明。	P.24
⓴	精算	使った費用について細かく計算して、何にいくら使ったかを明らかにすること。なお、「清算」は、借金を返してなくすこと。	P.24
㉑	割り勘	２人以上で利用した飲食代金などを、均等に割って支払うこと。	P.25
㉒	二次会	最初の宴会が終わってから、再び開かれる別の宴会。	P.26
㉓	満たない	ある数に達しないという意味。「未満」と同じ。	P.28
㉔	還元	元に戻すこと。（例）客が支払った代金の一部を、店が客に還元する。	P.29
㉕	n	単に数という意味の "number" の略。具体的な数字の代わりに使われる。	P.30
㉖	忘年会	年末に開かれる宴会。１年を振り返ったり、無事に終えられることを感謝し合いながら酒を飲んだり、食事をしたりする会。	P.31

【付録】 難しい日本語リスト

番号	言葉	解説	ページ
27	利益	もうけ。費用を除いて得られているもの。	P.34
28	原価	商品を仕入れたり、作ったりするためにかかる費用。	P.34
29	会計	企業などの組織の活動で、お金や物の増減を貨幣単位に記録し、管理すること。	P.35
30	定価	生産者および製造者など、モノや価値を提供する人があらかじめ定めた価格。	P.35
31	赤字	支出（費用）が収入（売上）よりも多いこと。反対語は「黒字」	P.36
32	売上総利益	「利益」の一つで、売上に対するもうけ。売上から費用を除いた利益。「粗利」ともいう。	P.37
33	割合	全体に対する比率。	P.40
34	退職	会社を辞めること。	P.40
35	小数点	0よりも小さい数（小数）を表す記号。「.」。	P.41
36	繰り上げ	下のものを上にする、または、後ろのものを前にすること。	P.41
37	整数	0に1を足したり引いたりした数で、小数や分数ではない数。	P.41
38	頭金	分割で支払う場合の最初の支払額、または、契約するときに最初に支払うお金。	P.46
39	利子	お金を借りたときに一定の率で増え、追加で支払う必要があるお金。	P.46
40	生産性	どのくらい生産する力があるか。	P.47
41	文系	人文社会、法律、政治、経済、経営、教育、国際関係などの学部を指す。	P.52
42	理系	工学、理学、農学、医学などの学部を指す。	P.52
43	かつ	2つの異なるものが同時に成り立つこと。両方という意味。	P.53
44	ベン図	複数の集団の関係や範囲について、目で見えるように図示したもの。	P.53
45	いずれか	はっきり決まっているわけではないが、複数あるものから、どれか1つという意味。	P.55
46	または	2つの異なるものについて、どちらか1つという意味。	P.55
47	分子	分数の上の数。割り算をするときの割られる数。	P.66
48	分母	分数の下の数。割り算をするときの割る数。	P.66
49	奇数	1、3、5など、2で割ることができない数字。反対語は「偶数（2で割れる数字）」	P.71
50	約分	分数の分母と分子を「公約数」で割って、より数の小さい分数にすること。約数とは、割る数字のことで、公約数とは、分母と分子に共通して割ることができる数字のこと。	P.72
51	和	足し算（＋）の結果を表す。足し算は「加法」ともいう。反対語は「引き算（－）」であり、「減法」ともいい、結果は「差」と表す。	P.74
52	未満	ある数に達していないことを表す。たとえば、10未満を式で表すと、n＜10になり、10は含まれない。「以下」の場合は、n≦10となり、10を含む。	P.74
53	積	掛け算（×）の結果を表す。掛け算は「乗法」ともいう。反対語は「割り算（÷）」であり、「除法」ともいい、結果は「商」と表す。	P.74
54	偶数	2、4、6など、2で割ることができる数字。反対語は「奇数（2で割ることができない数字）」	P.74

番号	言葉	解説	ページ
55	以上	ある数を含む、それよりも大きい数を表す。「超」の場合は、ある数を含まず、それよりも大きい数を表す。	P.75
56	母数	元となる数。たとえば、ある統計データの対象全体の数が母数である。	P.76
57	総当たり	A国、B国、C国、D国が対戦する場合、それぞれ違う国すべてと対戦すること。「総」＝“すべて”を意味する語。	P.81
58	上位	成績などが上の位置にあること。上位2チームとは、成績順に2番目までの意味。	P.81
59	平均	複数の数値がある中で、中間的な値のこと。	P.82
60	エージェント	就職エージェントのこと。就職したい人と採用したい企業とを結びつける役割をする人や企業。	P.91
61	ジョブフェア	多数の企業が同じ会場に集まって、合同で採用イベントを行う機会。	P.91
62	過半数	半分の数を含まず、それより多い数。	P.91
63	オファーサイト	スカウト専門の就職サイトのこと。登録すると、企業から面接や採用に関する連絡が届く。	P.91
64	平成	日本の年号（和暦）の一つ。1989年1月8日～2019年4月30日が平成である。なお、1926年12月25日～1989年1月7日は「昭和」、2019年5月1日より「令和」となった。	P.93
65	小数点第3位	「0.00n」のnを指す。「.」の右の位を意味し、小数点第1位は0.1、小数点第2位は0.01の位を指す。	P.93
66	四捨五入	半端な数字を処理する方法の一つ。5未満であれば0とし、5以上であれば切り上げる（＝左の位の数字に1を足す）。	P.93
67	人口動態	ある一定期間内での人口の変化をまとめたもの。	P.96
68	億	数字の単位。100,000,000。「千」→「万」→「億」→「兆」の順番で1,000倍ずつ大きくなる。	P.107
69	兆	数字の単位。1,000,000,000,000。	P.108
70	公共職業安定所	国が運営する施設で、就職するための相談や求人への応募ができるところ。「ハローワーク」とも呼ばれる。	P.110
71	求職	仕事を求めて企業の求人に応募すること。	P.110
72	求人倍率	1人あたり何件の求人があるかを示すもの。	P.110
73	令和	日本の年号（和暦）の一つ。2019年5月に「平成」から変わった。	P.110
74	正社員	企業と期間の定めがない雇用契約を結んでいる労働者。	P.111
75	先進国	他国と比べて工業化が進み、技術水準や生活水準が高く経済発展した国のこと。	P.112
76	新興・途上国	先進国に比べてまだ経済水準が低く、発展の途中にある国のこと。	P.112
77	昭和	日本の年号（和暦）の一つ。1926年12月25日～1989年1月7日。	P.113
78	抽象	複数の物や事から共通することをまとめて捉えること。反対語は「具体」。	P.124
79	具体	はっきりとした物や事。反対語は「抽象」。	P.124
80	色⊃白	「色は白を含む」という意味。	P.125
81	ライオン⊂動物	「ライオンは動物に含まれる」という意味。	P.125
82	対	2つそろって1組になるもの。	P.127
83	帰納	具体的なことから、一般的な規則を導き出すこと。	P.127

【付録】 難しい日本語リスト

番号	言葉	解説	ページ
84	演繹	一般的な規則から、特別な規則を導き出すこと。	P.127
85	熟語	２つ以上の漢字や単語で１つの語として成り立つ言葉。	P.131
86	用法	使い方のこと。	P.136
87	品詞	単語の分類のことで、名詞、動詞、形容詞、接続詞などがある。	P.144
88	伝聞	直接に見たり聞いたりして知ったのではなく、人やニュースから知ること。	P.148
89	自発	自然に起こること。	P.149
90	並べ替え	順番を変えること。	P.150
91	江戸	日本の年号（和暦）の一つ。1603年～1868年10月22日。	P.153
92	磁器	うつわの一種。軽くて丈夫であり家庭用の食器にも多く使用されている。	P.153
93	明治	日本の年号（和暦）の一つ。1868年10月23日～1912年7月30日。	P.153
94	空欄補充	文章中の空いている部分に、文章が成り立つように適切な言葉を入れること。	P.158
95	オノマトペ	さまざまな状態や動きなどを音で表現した言葉。たとえば、人の気持ちを表す「ドキドキ（緊張を表す）」「わくわく（興奮を表す）」や、「雨がザーザー降る」「犬がワンワン鳴く」などがある。	P.160
96	ことわざ	日本で昔から言い伝えられてきた、教えや社会の様子などを内容とする短い文。	P.177
97	一貫性	始まりから終わりまで、同じ一つの考え方で取り組む。	P.185
98	極端	基準や常識から離れていること。	P.185
99	細心	細かいところ・小さいところまでへの気づかい。	P.185
100	協調性	異なる立場の複数の人でも、お互いに助け合ったり譲り合ったりしながら同じ目標に向かって作業をしようとする性格。	P.186
101	社交的	人との付き合いに積極的で、付き合い方が上手な性格。	P.187
102	経理	会計や給与などに関する事務処理を行う仕事。	P.188
103	財務	資金や予算がなくならないように管理する仕事。	P.188
104	内向的	おとなしい性格であること。	P.190
105	外交的	周りの人とのコミュニケーションが好きな性格であること。	P.190
106	計画的	行動する前に計画を立てること。	P.190
107	行動的	すぐに行動すること。	P.190
108	活動的	自分から行動すること。	P.190
109	粘り強い	あきらめないで、努力すること。	P.190
110	臨機応変	状況や変化をよく見て、対応すること。	P.190
111	慎重	よく考えてから行動すること。	P.190
112	大胆	普通の人にはできないようなこともできること。	P.190
113	従順	他人に従いやすいこと。	P.192
114	回避	危ないことから遠くにいること。	P.192
115	批判的	何に対しても違うことを考え、自分の考えたとおりに行動すること。	P.192
116	尊重	大切にすること。	P.192
117	懐疑的	物事をすぐに信じないで、疑って考えること。	P.192

おわりに

自分の特性を知って、自分に合う企業で活きいきと働こう

就職して働き始めると、自分の特性に向き合うことになります。「仕事を効率的に進めて早く終わらせたい」人なのか、「じっくり丁寧に仕事に取り組みたい」人なのか、「忙しくても給料が多いことが重要だと考える」人なのか、「給料は低くても生活のバランスを大事にしたい」人なのかなど、自分がどのような人なのか、改めて気づくことがたくさんあると思います。就職する前は、あまりそのようなことをじっくり考える機会はないかもしれません。

しかし、就職する前に、自分の特性を知っておくことはとても大切です。なぜなら、自分の特性がわかっていたら、自分の特性に合った企業を選ぶことができるからです。あこがれの企業に入社できても、社風が合わなかったり、働き方が合わなかったりして、辞めてしまう人は少なくありません。

自分の特性を知る機会の一つに、SPIの「性格検査」があります。SPIを受検することは、日本語の勉強の機会になるだけでなく、自分の特性を知る機会にもなるのです。SPIの受検と、そのための勉強や対策を、ぜひ今後の就職活動に活かしてください。皆さんが自分に合った企業を見つけて、活きいきと働けることを心から願っています。

JCLI日本語学校
伊藤　茉莉奈

筆記試験に負けずに就職活動を乗り越えよう

私はこれまで何千人もの留学生と出会い、キャリア形成や就職の支援を行ってきました。そして、日本特有の就職活動に苦しんでいる留学生もたくさん目にしてきました。皆さん、同じようなところで苦労します。だからこそ、キャリアセンターはもちろん、先輩や日本人の友達からの情報を参考にして、早めに就職活動の準備をしてほしいと思っています。

一方で、留学生向けの情報が少ないことも確かです。日本人にとっては当たり前のことも、留学生にとっては疑問だらけでしょう。それに応える情報は、まだまだ不足していると感じています。これは、SPIなどの筆記試験についてもいえます。「なぜSPIがあるのか？」「SPIの問題は、どうしてこのような内容なのか？」など、わからないことだらけでしょう。日本語が読めても、日本社会や文化、歴史などを知らないと、意味がわからない問題もあると思います。そのようなこともあって、今回このような留学生向けの対策本を作りました。

SPIなどの筆記試験は、もともと日本人学生を対象に想定された問題や適性検査です。留学生だからこそ持っている日本人との違い、つまり、長所が活かされない試験になってしまっていると感じています。留学生のよさが活かされる選考が確立されるまでは、ぜひこの対策本を参考に、困難を乗り越えてほしいです。もし勉強しても、うまくできない場合もあきらめないでください。努力を続ければ、きっと就職できます。一緒に頑張りましょう！

一般社団法人日本国際化推進協会
田村　一也

［監修者・編者・著者紹介］

○監修者：株式会社明光ネットワークジャパン

「自立学習」「未来教育」を教育理念に掲げ、各種教育サービスを提供。グループ会社において、JCLI 日本語学校を含む、２校の日本語学校を経営している。日本語学校経営のノウハウを活かし、オンライン日本語教育サービスの提供や、外国人向けにビジネスマナー・日本文化教育および就職活動支援も行っている。

○編　者：一般社団法人日本国際化推進協会（JAPI）

国内外の日本語学習者とネットワークを持ち、日本のみならず各国で留学やキャリアのサポートを行う一方、日本人との交流機会を作っている。また、外国人に関する調査研究を行い、レポートを発信している。

○著　者：田村　一也（たむら　かずや）

一般社団法人日本国際化推進協会（JAPI）事務局長。立命館大学産業社会学部卒業、グロービス経営大学院大学修士課程終了。パーソルキャリア株式会社を経て、現職。2018年より株式会社 WithWorld を創業し、外国人材受け入れコンサルティングも行う。一般社団法人日本外国人材協会 理事、独立行政法人経済産業研究所プロジェクトメンバー、留学生教育学会所属。

伊藤　茉莉奈（いとう　まりな）

JCLI 日本語学校研修課 日本語教師養成講座講師・日本語教師。早稲田大学商学部卒業、早稲田大学大学院日本語教育研究科修士課程修了、同研究科博士後期課程在籍。専門・関心領域は、異文化コミュニケーション、人間関係構築の場づくり、日本語教師養成・研修、留学生を対象とするキャリア支援。

留学生のための就職筆記試験の教科書

2020年10月30日　　初版第１刷発行

監修者　株式会社明光ネットワークジャパン
編　者　一般社団法人日本国際化推進協会（JAPI）
著　者　田村　一也・伊藤　茉莉奈

発行者　張　士洛
発行所　日本能率協会マネジメントセンター
〒103‐6009 東京都中央区日本橋２‐７‐１　東京日本橋タワー
TEL　03（6362）4339（編集）／ 03（6362）4558（販売）
FAX　03（3272）8128（編集）／ 03（3272）8127（販売）
http://www.jmam.co.jp/

装　丁――吉村　朋子
本文DTP―TYPEFACE
印刷・製本――三松堂株式会社

ISBN978-4-8207-2844-3　C0036
落丁・乱丁はおとりかえします。
PRINTED IN JAPAN